ÉCONOMIE POLITIQUE

3. Macroéconomie

JACQUES GÉNÉREUX
Maître de conférences des Universités,
professeur à l'Institut d'études politiques de Paris.

5e édition

HACHETTE
Supérieur

10 -

Les Fondamentaux

La bibliothèque de l'étudiant

Collection créée et dirigée par Caroline Benoist-Lucy

Dans la même collection :

Économie, Gestion

1 **Comprendre la formulation mathématique en économie** (D. Schlacther)
2 **Relations économiques internationales** (J.-L. Mucchielli)
3 **Économie politique / 1. Introduction à l'analyse économique** (J. Généreux)
4 **Économie politique / 2. Microéconomie** (J. Généreux)
20 **Comprendre les mathématiques financières / Cours et exercices résolus** (D. Schlacther)
31 **Économie de l'entreprise** (X. Richet)
60 **L'Europe monétaire / Du SME à la monnaie unique** (M. Dévoluy)
61 **Économie générale** (E. Bosserelle)
72 **Économie publique / Analyse économique des décisions publiques** (J.-P. Foirry)
92 **Économie de l'environnement** (L. Abdelmalki, P. Mundler)
104 **Problèmes économiques contemporains / Les pays d'Europe centrale et orientale** (E. Mossé)
115 **Les politiques sociales en France** (P. Valtriani)
123 **L'économie française depuis 1945** (A. Fernandez)
125 **Problèmes économiques contemporains / Les grands pays industriels** (F. Teulon)
126 **Problèmes économiques contemporains / Les pays en développement** (F. Teulon)
128 **Économie européenne** (D. Redor)
136 **Comptabilité générale** (R. Guillouzo, L. Jaffré, P. Juguet)
138 **Économie monétaire européenne / Chocs et politique économique en UEM** (J. Trotignon, B. Yvars)
150 **Comptabilité de gestion** (A. Amintas, R. Guillouzo)
151 **Comptabilité des sociétés** (F. Parrat)
154 **Microéconomie. Cours et exercices résolus** (A. Luzi)
159 **Diagnostic financier** (M. Haranger-Gauthier, M. Helou)
162 **Commerce mondial et développement durable** (C. Schnakenbourg et A. Suarez)

43 quai de Grenelle, 75905 Paris cedex 15.
www.hachette-education.com

I.S.B.N. 978-2-01-145904-6

Sommaire

■

CHAPITRE 1

1

L'équilibre macroéconomique avec des prix flexibles

L'approche « classique » ou « néoclassique »

L'analyse macroéconomique étant directement liée aux débats de politique économique, elle est souvent le lieu d'affrontements doctrinaux assez vifs. Toutefois, par souci de simplicité, nous avons choisi de distinguer seulement deux approches de la macroéconomie : l'approche « ***classique*** » (ou encore « néoclassique »), qui fait confiance aux mécanismes de prix pour réaliser rapidement l'équilibre sur tous les marchés ; l'approche « ***keynésienne*** », qui examine les situations où les prix ne peuvent pas jouer ce rôle équilibrant automatique. Cette distinction sommaire, quoique habituelle, ne rend certes pas justice à la grande variété des écoles de pensée.

Notre propos n'est pas ici l'histoire de la pensée économique et encore moins la polémique doctrinale. Notre seul souci étant la pédagogie, il nous paraît suffisant de distinguer une analyse qui part de ***prix flexibles et équilibrants***, et une analyse qui part de ***prix rigides***. Nous les qualifions de classique et de keynésienne par pure de commodité de langage.

L'approche classique ou néoclassique part donc d'une hypothèse centrale : ***les prix sont parfaitement flexibles et assurent un équilibre automatique et instantané de l'offre et de la demande sur tous les marchés***. Dans le langage moderne, les économistes qualifient indifféremment de « classiques » ou « néoclassiques » les modèles faisant ainsi confiance au mécanisme des prix. De la même manière, dans ce manuel, nous regroupons sous l'une ou l'autre de ces deux appellations quatre écoles distinguées dans les ouvrages plus préoccupés par l'histoire de la pensée économique :

– ***l'école classique***, développée du milieu du XVIIIe au milieu du XIXe siècle par des auteurs souvent considérés comme les « pères fondateurs » de l'économie politique moderne (A. Smith, D. Ricardo, J.-B. Say, T.R. Malthus, J. Stuart Mill) ;

– ***l'école néoclassique***, qui, de la fin du XIXe au milieu du XXe, reprend les grands principes libéraux de la plupart des classiques et certains de leurs instruments d'analyse, mais unifie l'analyse économique comme une science (pour une bonne part mathématique) des choix individuels et de la coordination de ces choix par les marchés (citons L. Walras, C. Menger, V. Pareto, A. Marshall, A. C. Pigou, J. Schumpeter, M. Allais, K. J. Arrow, G. Debreu) ;

– ***les monétaristes***, qui s'appliquent à démontrer la validité à long terme de la théorie classique de la monnaie, la supériorité des politiques monétaires sur les politiques budgétaires et les effets pervers de l'instabilité monétaire (F. von Hayek, M. Friedman) ;

– ***les nouveaux classiques***, qui, dans les années 1970, introduisent l'hypothèse des anticipations rationnelles et pensent démontrer l'inefficacité totale des politiques économiques (citons R. Barro, R. Lucas, T. Sargent).

Une logique de l'offre :

Si les mécanismes de prix assurent instantanément l'équilibre sur tous les marchés, les agents n'ont pas d'incertitude réelle quant à la réalisation de leurs plans. Ainsi, les entreprises n'ont pas à se préoccuper vraiment des débouchés éventuels pour leur production puisqu'elles sont assurées d'écouler sur le marché n'importe quelle quantité de biens et services grâce aux mécanismes d'équilibre automatiques. Dans ce contexte, la demande globale ne joue pas un rôle déterminant dans l'économie nationale. La préoccupation des producteurs est l'efficience productive : il s'agit de produire en utilisant au maximum et au mieux tous les facteurs de production disponibles ; on peut ensuite faire confiance aux lois du marché pour assurer un débouché à cette production.

Les mécanismes d'équilibre fonctionnant aussi bien sur les marchés de facteurs que sur les marchés de biens et services, on est assuré du plein-emploi des facteurs. Là encore, ce n'est pas ***la demande*** de capital ou de travail qui est déterminante mais ***l'offre*** de facteurs. Tous les facteurs offerts par les agents ont un emploi, sinon leur prix baisse jusqu'à ce qu'ils soient pleinement employés. Le point de départ logique de l'analyse est donc l'offre de facteurs, et, à un moment donné, uniquement l'offre de travail, le stock de capital étant invariable à court terme.

On commencera donc par analyser l'équilibre sur le ***marché du travail*** (section 1) qui détermine l'emploi. Le volume de travail détermine ensuite le volume de la production et l'on étudie les mécanismes par lesquels la demande va s'adapter automatiquement à l'offre sur le ***marché des biens et services*** (section 2). Comme nous le verrons, on peut ainsi décrire l'équilibre « réel » de l'économie nationale (travail, investissement, emploi, production...) sans tenir compte de sa nature monétaire. La ***monnaie*** n'a pas d'influence réelle sur l'économie. Il est nécessaire toutefois de l'introduire dans un troisième temps pour déterminer le niveau des prix (section 3).

1. L'équilibre sur le marché du travail

A. Le fonctionnement du marché du travail

LES HYPOTHÈSES

Le marché du travail est supposé ***en situation de concurrence parfaite***. Cela implique notamment que le travail est un facteur de production parfaitement ***homogène***, c'est-à-dire que les employeurs considèrent les différents individus offrant leur travail comme strictement identiques en ce qui concerne les qualifications et la productivité. Si l'on tient compte de l'existence de différentes qualités de travail, l'hypothèse d'homogénéité signifie qu'il existe un marché du travail indépendant pour chaque type et chaque niveau de qualification. Sur un marché du travail donné, les entreprises sont donc indifférentes à la personnalité des travailleurs embauchés ; elles ne considèrent dans leur calcul économique que la quantité de travail et le prix du travail.

La concurrence suppose également un grand nombre d'employeurs et d'employés (***atomicité***), ***libres d'entrer et de sortir du marché***, négociant librement et de façon individuelle les contrats de travail. La conséquence majeure de cette concurrence est qu'***aucun employeur et aucun travailleur n'a suffisamment de poids sur le marché*** pour influencer le prix du travail (le salaire). Le salaire est déterminé par l'équilibre entre l'offre et la demande de travail et s'impose à tous ; il est parfaitement flexible.

L'information est parfaite. À chaque instant, tous les employeurs et tous les travailleurs connaissent toutes les offres et les demandes de travail pour chaque type d'emploi. En conséquence, tout mouvement dans l'offre ou la demande entraîne une renégociation immédiate des contrats, qui détermine un nouveau salaire d'équilibre.

L'OFFRE ET LA DEMANDE DE TRAVAIL

On désigne le salaire nominal par w, le salaire réel par wr (wr = w/P, le salaire nominal divisé par un indice de prix), le niveau général des prix par P, l'offre de travail par Lo et la demande de travail par Ld.

Conformément aux résultats de l'analyse microéconomique, l'offre de travail est une ***fonction croissante du salaire réel*** [wr] (cf. tome 2, chapitre 2, section 3). À l'équilibre, l'utilité marginale du revenu retiré du travail doit être égale à l'utilité marginale du loisir sacrifié pour accomplir ce travail. Si le temps de travail augmente, le loisir diminue, l'utilité marginale du loisir sacrifié augmente et doit donc être compensée par un salaire croissant. Les travailleurs ne sont pas victimes d'une ***illusion monétaire*** qui les conduirait à ne s'intéresser qu'au montant inscrit sur leur fiche de paye (le ***salaire nominal***) ; en effet, en offrant leur temps de travail, ils sacrifient du loisir en échange d'un revenu en vue d'acquérir des biens et des services ; ils s'intéressent donc à la quantité de biens et services que le salaire nominal leur permet d'acheter ; cette quantité est égale au salaire nominal divisé par le prix moyen des biens et services, c'est-à-dire au salaire réel : wr = w/P. Plus wr est élevé, plus les travailleurs sont disposés à sacrifier leur temps de loisir pour le consacrer au travail.

De même, nous avons déjà montré que la demande de travail par les employeurs (Ld) est ***une fonction décroissante du salaire réel*** (cf. tome 2, chapitre 4, section 1). En effet, à l'équilibre, les entreprises rationnelles utilisent une quantité de travail telle que le coût réel du travail (wr) soit égal à sa productivité marginale physique (PmL). La courbe de demande de travail est donc confondue avec la courbe de productivité marginale, qui est décroissante (loi des rendements décroissants).

Figure 1

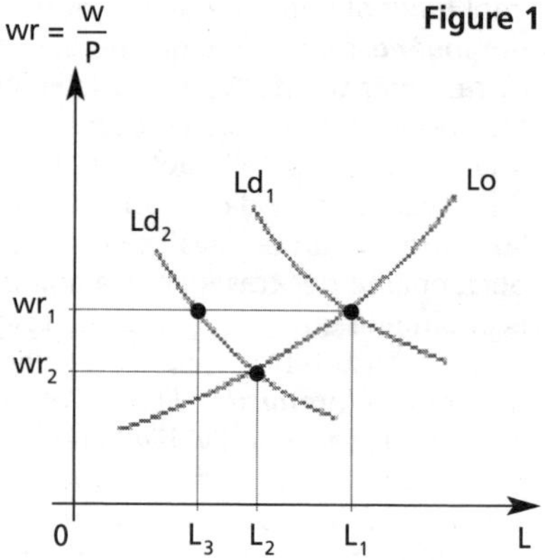

LA FLEXIBILITÉ DES SALAIRES

La concurrence entre les employeurs pour attirer les salariés, d'une part, et la concurrence entre les travailleurs pour obtenir les emplois, d'autre part, garantissent une flexibilité parfaite des salaires réels. Sur la figure 1, si la demande de travail diminue de Ld_1 à Ld_2, le salaire d'équilibre diminue de wr_1 à wr_2.

En effet, au taux de salaire initial, la demande (L_3) est nettement inférieure à l'offre de travail (L_1). Pour rétablir l'équilibre, il faut réduire l'offre et augmenter la demande. Cela est réalisé concrètement par la concurrence entre les travailleurs pour obtenir les emplois disponibles, qui les conduit à accepter des salaires plus faibles ; au fur et à mesure que les salaires régressent, l'offre de travail diminue et la demande se trouve stimulée ; le processus continue tant qu'il existe une offre excédentaire de travail. Si l'information est parfaite, c'est-à-dire si tous les intervenants sur le marché connaissent simultanément et instantanément la nouvelle situation du marché, on peut renégocier aussitôt tous les contrats, comme on le ferait en Bourse pour un titre dont la demande diminue. S'il n'existe aucun obstacle à cette renégociation et aucun coût de négociation, on peut considérer les salaires comme parfaitement flexibles, et le retour à l'équilibre est instantané.

Le lecteur pourra vérifier lui-même qu'une augmentation de l'offre de travail abaisse le salaire réel et qu'une augmentation de la demande de travail ou une diminution de l'offre élève le salaire réel (noter que lorsqu'on parle d'une variation de l'offre ou de la demande, sans autre précision, il s'agit d'un déplacement ***de toute la courbe*** et non d'un déplacement ***le long de la courbe*** d'offre ou de demande).

B. Interprétation néoclassique du chômage

CHÔMAGE VOLONTAIRE ET CHÔMAGE INVOLONTAIRE

Dans la littérature économique, on a pris l'habitude de distinguer ***chômage, involontaire*** et ***chômage volontaire*** :

> ***Il y a chômage involontaire quand des individus souhaitent travailler au taux de salaire courant offert sur le marché et ne trouvent pas d'emploi, et chômage volontaire quand des individus ne trouvent pas d'emploi parce qu'ils demandent un salaire supérieur au salaire d'équilibre du marché.***

À première vue, l'existence d'un chômage involontaire paraît difficilement compatible avec le fonctionnement du marché du travail décrit ci-dessus. En effet, si les salaires réels sont parfaitement flexibles, le marché du travail est toujours en équilibre, quels que soient les mouvements de l'offre et de la demande de travail. Si l'offre est égale à la demande, cela signifie qu'au taux de salaire actuellement payé dans les entreprises, tous les individus offrant du travail à ce taux de salaire sont employés. Si tel n'était pas le cas, s'il se trouvait des individus inemployés et désireux de travailler au taux de salaire courant, cette offre excédentaire entraînerait une baisse des salaires réels jusqu'à ce que l'équilibre entre l'offre et la demande soit restauré.

Dans la théorie néoclassique élémentaire, le seul chômage envisageable est donc le ***chômage volontaire*** des individus qui refusent de travailler au taux de salaire existant et demandent un salaire supérieur. Cette première conclusion est cependant en contradiction trop flagrante avec la réalité, et différents développements de la théorie macroéconomique ont permis une interprétation néoclassique des situations où les individus ne trouvent pas d'emplois alors même qu'ils ne demandent pas un salaire supérieur à celui qui est couramment payé par les entreprises.

LES SALAIRES RIGIDES ET « TROP » ÉLEVÉS : LE CHÔMAGE « CLASSIQUE »

Une première explication classique du chômage met en cause les rigidités institutionnelles qui empêchent le fonctionnement normal du marché du travail. Les syndicats limitent la concurrence entre les travailleurs, favorisent la négociation collective des rémunérations au détriment des négociations individuelles, et s'opposent aux baisses de salaires. Les pouvoirs publics interviennent par le droit du travail, qui réduit la marge de manœuvre des employeurs dans la gestion de l'emploi et des salaires. Il existe souvent des réglementations imposant un salaire minimum. En un mot, il existe des institutions qui limitent la flexibilité des salaires, particulièrement à la baisse.

Or, dans la théorie néoclassique, lorsque la demande de travail diminue, on ne peut éviter le chômage que s'il se produit une baisse des salaires réels. Sur la figure 2, supposons qu'une récession de l'activité des entreprises les conduise à réduire la demande de travail de Ld_1 à Ld_2. Ce mouvement devrait entraîner une baisse du salaire réel de wr_1 à wr_2. Si le salaire réel est rigide à la baisse, les employeurs sont contraints de maintenir le salaire à wr_1 et de réduire l'emploi à L_3, alors que l'offre de travail reste inchangée en L_1.

Figure 2

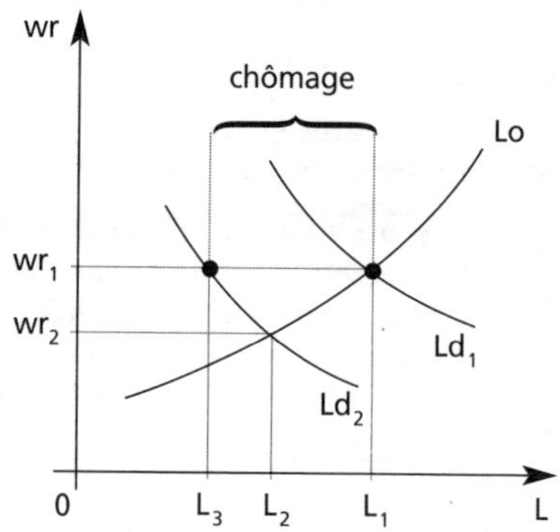

La différence $L_1 - L_3$ constitue un chômage « involontaire » : les travailleurs ne demandent pas un salaire fantaisiste mais celui qui est effectivement payé dans les entreprises (wr_1), mais, à ce taux de salaire, il n'y a pas assez d'emplois disponibles. Il ne faut pas se méprendre sur l'origine de ce chômage. Il ne provient pas d'une insuffisance des débouchés pour les entreprises (comme nous le verrons au chapitre suivant, il s'agirait dans ce cas d'un ***chômage keynésien***).

Les entreprises seraient disposées à embaucher davantage de travailleurs et pourraient écouler sans difficulté la production supplémentaire. Elles ne le font pas parce que ce n'est pas rentable : avec un salaire fixé à wr_1 elles préfèrent réduire l'emploi et la production (ce qui engendre momentanément un excès de demande sur le marché des biens). Dans la terminologie moderne, on désigne cette situation par le terme de « ***chômage classique*** ».

En termes de politique économique, l'interprétation libérale de cette situation est claire : des individus sont condamnés au chômage par des institutions qui empêchent les entreprises de négocier librement les salaires et de proposer des emplois à ceux qui accepteraient d'être rémunérés au nouveau prix d'équilibre du travail qui est désormais wr_2 ; une plus grande flexibilité salariale rapprocherait l'économie du plein-emploi.

L'INDEMNISATION DU CHÔMAGE

L'explication précédente soulève immédiatement une question. Pourquoi les travailleurs et leurs organisations syndicales préfèrent-ils le chômage à la baisse des salaires ? Ils doivent en effet être conscients qu'en soutenant des réglementations qui rigidifient les salaires et en résistant à la baisse des salaires, ils favorisent le développement du chômage.

Une réponse a été proposée dès les années 1920, notamment par l'économiste français Jacques Rueff, et souvent reprise ensuite dans les modèles d'inspiration libérale : l'indemnisation du chômage introduit un biais en faveur des licenciements. En effet, si les travailleurs acceptent des baisses de salaires, ils ne sont pas indemnisés pour la diminution de leur revenu, tandis qu'ils le sont quand ils sont licenciés. De ce fait, les syndicats seraient incités à résister plus fermement aux baisses de salaires qu'aux réductions d'emploi. Par ailleurs, l'indemnisation, associée à l'utilité du loisir supplémentaire, réduit le coût du chômage pour les individus, ce qui doit les inciter à prendre davantage de temps pour chercher un nouvel emploi. Ce dernier argument se trouve également renforcé par la théorie du *job search* (recherche d'emploi) développée aux États-Unis, surtout dans les années 1970 (essentiellement à partir des travaux de G. Stigler et E. S. Phelps).

LA THÉORIE DE LA RECHERCHE D'EMPLOI : LE CHÔMAGE « FRICTIONNEL »

En l'absence de toute rigidité salariale, le chômage peut apparaître si l'information est imparfaite sur le marché du travail. La théorie de la recherche d'emploi part d'un constat : pour un même travail homogène, ***il n'existe pas un salaire unique*** dans toute l'économie, mais une série de salaires dont les individus n'ont pas instantanément et gratuitement connaissance. Si l'on pouvait rassembler en permanence tous les offreurs et tous les demandeurs, la circulation parfaite de l'information sur les offres et les demandes aux différents taux de salaire interdirait de pratiquer un salaire différent pour un même travail. Mais cet effet de la concurrence ne peut pas jouer dans l'économie réelle, où l'information est imparfaite ; un travailleur peut donc se voir offrir des salaires différents selon les entreprises ; de même, un employeur sera confronté à des prétentions salariales différentes selon les candidats qu'il reçoit.

Dans ce contexte, les agents ont intérêt à consacrer un certain temps à la ***recherche d'information***, pour trouver le meilleur salaire ou pour trouver le meilleur employé. Même s'il existe toujours un emploi disponible correspondant exactement aux attentes et aux qualifications des individus cherchant un travail, il y aura un ***volant de chômage incompressible*** correspondant au temps qui est nécessaire aux agents pour acquérir l'information sur le marché du travail. Le chômage reflète donc un choix individuel rationnel ; il s'agit d'une activité coûteuse (perte de revenu) mais qui présente une certaine rentabilité (trouver un meilleur emploi) ; la recherche individuelle s'arrête quand sa rentabilité marginale (le gain de salaire que l'on peut espérer en cherchant une journée de plus, par exemple) est égale à son coût marginal (le salaire perdu en refusant de travailler durant cette journée de recherche supplémentaire).

Ce chômage incompressible est souvent qualifié de « frictionnel » : il existe en permanence des frictions entre les offres et les demandes de travail de façon à les ajuster au mieux ; cet ajustement se produit toujours (chaque offre de travail finit par rencontrer une demande), mais il prend le temps que les agents estiment rationnel de lui consacrer. Ce chômage frictionnel est d'autant plus important que la mobilité professionnelle ou géographique des travailleurs et des entreprises est forte. Tout passage par le marché du travail implique en effet une période de chômage correspondant au temps optimal de recherche d'emploi. Mais il s'agit d'un ***chômage de plein-emploi***. Tous les individus souhaitant travailler aux taux de salaires actuellement payés dans les entreprises trouvent un emploi. De plus, le temps passé au chômage ne constitue pas un sous-emploi de la force de travail, au contraire : compte tenu de l'imperfection de l'information, cette recherche constitue, à un moment donné, le meilleur emploi possible du temps, puisqu'elle permet d'orienter les individus vers de meilleurs emplois pour eux (salaire plus élevé) et pour la collectivité (productivité plus forte).

LE CHÔMAGE « STRUCTUREL »

Dans l'approche néoclassique, le chômage structurel est un chômage de recherche volontaire qui résulte d'une inadaptation momentanée entre la structure des offres et des demandes de travail.

La structure de la demande de biens et services évolue dans le temps et, de ce fait, la production de certains secteurs décline, tandis qu'elle se développe rapidement dans d'autres secteurs. Ces mutations du système productif modifient la structure de la demande de travail : certaines qualifications professionnelles sont de moins en moins recherchées et d'autres sont en revanche très demandées. La structure des offres de travail peut donc se trouver en partie inadaptée à celle des demandes. En effet, le système d'éducation et de formation professionnelle met un certain temps à s'adapter aux nouveaux besoins de l'économie, et la réduction de l'emploi dans les secteurs en déclin amène sur le marché du travail des individus dont l'expérience professionnelle est de moins en moins demandée par les entreprises.

En conséquence, il existe une offre de main-d'œuvre excédentaire pour les qualifications les moins recherchées. Dans l'approche néoclassique, le chômage qui en résulte est un chômage volontaire. En effet, la présence d'une offre excédentaire pour certaines qualifications signifie que leur prix d'équilibre sur le marché du travail est plus faible. Mais, dans un premier temps, les jeunes qui arrivent sur le marché avec une formation insuffisante ou inadaptée demandent un salaire d'entrée équivalent à celui de leurs aînés; de même, les travailleurs provenant des secteurs en déclin demandent un salaire équivalent à la valeur de marché passée de leur expérience. Les individus mettent du temps à réaliser et à accepter que leur qualification s'est dévalorisée sur le marché du travail et qu'ils ne peuvent trouver un emploi qu'en acceptant un salaire inférieur ou en sortant momentanément du marché pour suivre une nouvelle formation. Ce chômage structurel se trouvera bien entendu renforcé par toute réglementation ou institution qui limite la flexibilité des salaires à la baisse. Ainsi, le salaire minimum est perçu comme un obstacle à l'emploi des jeunes insuffisamment qualifiés.

LE TAUX DE CHÔMAGE « NATUREL »

Les différentes thèses présentées ci-dessus procèdent d'une même démarche : expliquer l'existence du chômage dans le cadre d'une économie où les marchés fonctionnent correctement. Le chômage n'apparaît pas comme le résultat d'un dysfonctionnement du marché du travail. Au contraire, il constitue le mécanisme d'ajustement par lequel des agents rationnels s'adaptent efficacement à l'imperfection de l'information et aux contraintes institutionnelles. Les monétaristes ont assez bien résumé cette vision du chômage à travers le concept de « taux de chômage naturel ».

> ***Le taux de chômage naturel est le taux de chômage correspondant au fonctionnement normal et efficace du marché du travail, compte tenu de l'imperfection de l'information et des contraintes institutionnelles.***

Le chômage naturel comprend donc le ***chômage frictionnel*** (ou de recherche), le ***chômage structurel*** (qui n'est qu'une variante du précédent) et le ***chômage classique***. Il est très largement volontaire ; seule une partie du chômage classique est involontaire : celle qui provient d'institutions empêchant les employeurs d'offrir des emplois aux individus qui accepteraient un salaire réel inférieur au salaire courant. La partie involontaire du chômage est donc réductible par une remise en cause des institutions qui rigidifient les salaires à la baisse. Cela constitue la seule voie offerte à la politique économique ; une fois éliminé le chômage classique, le chômage naturel est incompressible ; il s'agit alors du chômage correspondant à l'équilibre entre l'offre et la demande de travail et nécessaire à la réalisation de cet équilibre. La conclusion essentielle de l'approche néoclassique reste donc : une économie où les salaires réels sont parfaitement flexibles est toujours au plein-emploi, le chômage qui subsiste dans cette économie est un chômage volontaire et efficace, un « chômage de plein-emploi ».

Remarque :

Le taux de chômage naturel est parfois désigné par l'expression ***NAIRU*** **(*non accelerating inflation rate of unemployment*)**, qui signifie : taux de chômage qui n'accélère pas l'inflation. En effet, nous verrons que, pour l'approche classique, les politiques de stimulation de la demande sont impuissantes à abaisser durablement le taux de chômage en deçà du taux naturel ; elles ne font qu'augmenter le taux d'inflation. Cependant, les monétaristes estiment que ces politiques peuvent momentanément abaisser le taux de chômage, au prix d'une inflation plus élevée ; mais le taux de chômage revient inéluctablement vers son taux naturel ; on ne peut donc maintenir un taux de chômage effectif inférieur qu'en répétant successivement les politiques de relance par la demande et donc en accélérant continuellement l'inflation. Le taux de chômage naturel est le seul qui soit compatible avec la stabilité de l'inflation.

THÉORIE DU SALAIRE D'EFFICIENCE

Une ultime explication du chômage, en équilibre général concurrentiel, est proposée à partir d'une observation de H. Leibenstein (1957) dans les pays en développement : l'élévation des salaires a un effet positif sur la productivité du travail. Reprenant cette idée, divers modèles vont montrer qu'un employeur rationnel doit fixer un salaire optimal (dénommé « salaire d'efficience) supérieur au salaire d'équilibre. Pour J. Stiglitz (1974), ce sur-salaire incite les salariés à rester dans l'entreprise et réduit ainsi les coûts liés à la rotation de la main d'œuvre ; pour Akerlov (1984), il stimule la motivation des salariés et donc l'intensité et la qualité de leur travail ; pour, J.J. Laffont (1985), le sur-salaire incite les salariés à révéler l'information cachée qu'ils détiennent sur l'efficacité réelle de leur travail et sur les moyens de l'améliorer. Quelle qu'en soit la raison, un salaire supérieur au prix d'équilibre du marché entraîne du chômage.

2. L'équilibre sur le marché des biens et services

A. L'offre globale de biens et services

LE PRODUIT INTÉRIEUR DE PLEIN-EMPLOI

Comme nous venons de le montrer, la flexibilité des salaires garantit le plein-emploi du travail. En généralisant la démarche classique, on peut dire que l'ensemble des facteurs de production (y compris donc le capital) sont toujours pleinement employés. Si tel n'était pas le cas, le prix des facteurs offerts sur le marché mais non encore utilisés s'abaisserait rapidement pour rétablir l'équilibre entre l'offre et la demande de facteurs.

Le volume des facteurs disponibles détermine donc la production de la nation. En courte période, quand un seul facteur est variable (par exemple, le travail), le volume de production dépend uniquement de la quantité disponible de ce facteur. Sur la figure 3, nous représentons la fonction de production de courte période : Y (le PIB, ou revenu réel) est une fonction croissante de L (le volume de l'emploi).

Figure 3

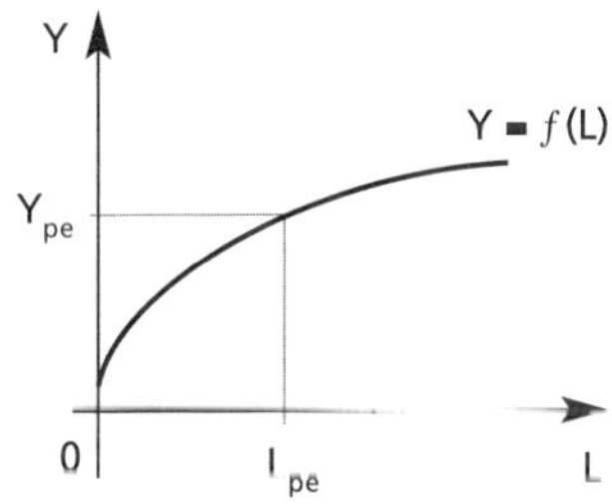

Y croît de moins en moins vite en raison de la loi des rendements décroissants (cf. tome 2, chapitre 4, section 1, B), selon laquelle la productivité marginale d'un facteur est nécessairement décroissante, toutes choses étant égales par ailleurs. Cette fonction de production est construite pour une quantité de capital et pour une technologie données. Une augmentation du stock de capital ou une amélioration des techniques de production déplacent la fonction de production vers le haut.

Le revenu d'équilibre déterminé par la fonction de production est forcément Y_{pe}, le revenu qui correspond au plein-emploi, puisque, en raison des hypothèses sur le fonctionnement du marché du travail, la quantité de travail utilisée correspond nécessairement au plein-emploi (L_{pe}).

LA COURBE D'OFFRE GLOBALE

Pour étudier l'équilibre entre l'offre et la demande globales, il est utile de représenter les conséquences de l'approche classique en termes de courbe d'offre. La courbe d'offre globale indique la relation entre le produit intérieur réel (Y) et le niveau général des prix (P). Il importe de ne pas la confondre avec les courbes d'offre des entreprises ou des branches particulières examinées dans l'analyse microéconomique. Nous avons vu que ces dernières sont normalement croissantes en courte période et le plus souvent croissantes en longue période (cf. tome 2, chapitre 4) ; mais elles décrivent la relation entre l'offre d'un bien particulier et son prix quand tous les autres prix sont supposés constants, et non la relation entre le produit intérieur total de la nation et le niveau moyen de tous les prix.

Que se passe-t-il si le niveau général des prix augmente ? Les entreprises ne seront-elles pas incitées à augmenter leur production ? Si les marchés de facteurs sont efficients et garantissent le plein-emploi des facteurs, la production globale ***ne peut plus augmenter*** à court terme, faute de facteurs disponibles, quelles que soient par ailleurs les incitations des entreprises.

L'offre globale (O) est donc indépendante du niveau général des prix ; elle ne dépend que de la quantité des facteurs offerts et qui sont, par hypothèse, totalement employés. La courbe d'offre globale peut donc être représentée par une droite verticale au niveau de Y_{pe} (cf. figure 4).

Figure 4

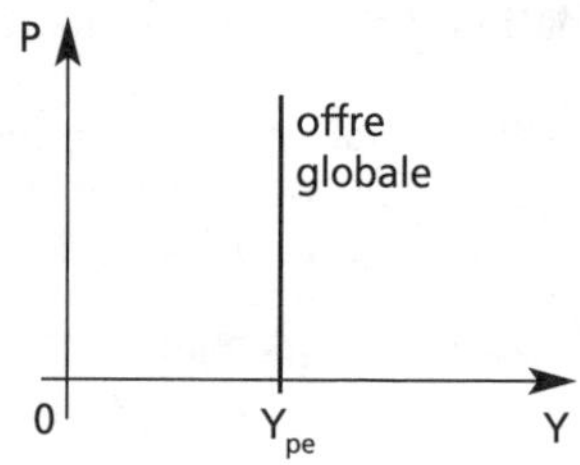

B. L'équilibre entre l'offre et la demande

Les entreprises choisiront donc nécessairement une production qui utilise totalement et au mieux l'ensemble des facteurs de production disponibles. La question qui se pose alors est de savoir si la demande sera suffisante pour assurer un débouché à l'ensemble des biens et services ainsi produits.

LA LOI DES DÉBOUCHÉS DE J.-B. SAY

En 1803, Jean-Baptiste Say (1767-1832) énonce la loi des débouchés pour montrer l'impossibilité d'un déséquilibre entre l'offre et la demande globales. On peut résumer ainsi cette loi :

La valeur des biens et services offerts se transforme en un revenu qui est intégralement dépensé pour l'achat de biens et services; en conséquence, dans l'économie prise dans son ensemble, la demande globale est nécessairement égale à l'offre globale.

J.-B. Say observe que les individus n'offrent des biens et services qu'en vue d'acquérir le pouvoir d'achat nécessaire à l'acquisition d'autres biens et services (il s'agit ici de tous les biens et services, y compris, donc, les facteurs de production). En fait, « les produits s'échangent contre les produits ». Les échanges monétaires ne sont que des opérations intermédiaires facilitant les transactions, mais sans incidence réelle sur le fonctionnement de l'économie. « La monnaie n'est qu'un voile », énonce ainsi J.-B. Say ; elle n'est pas un bien désiré pour lui-même, mais un simple intermédiaire dans les échanges ; personne ne détient sous forme d'encaisses inutilisées une partie du revenu acquis par la vente de biens et services ; tout le revenu est donc bien employé pour demander des biens et services ; la demande globale est donc équivalente à l'offre globale.

Par conséquent, tous les biens offerts dans l'économie ont un débouché ; une surproduction généralisée est inconcevable. Seuls peuvent exister des déséquilibres sectoriels entre l'offre et la demande sur un marché particulier, mais J.-B. Say fait confiance aux ajustements des prix pour rétablir rapidement l'équilibre sur les différents marchés.

Le produit intérieur de plein-emploi (Y_{pe}) est donc assuré de trouver un débouché sur le marché des biens et services, à la condition toutefois que tout le revenu soit dépensé.

Que se passe-t-il si les agents constituent une épargne et qu'en conséquence une partie du revenu n'est pas dépensé ? Cela ne constitue pas une fuite susceptible d'entraîner une dépense globale inférieure à l'offre globale, parce que la partie du revenu qui n'est pas consacrée à la consommation est utilisée pour financer l'investissement. La loi des débouchés suppose donc un mécanisme d'équilibre automatique entre l'épargne et l'investissement. Cela nous conduit à préciser la vision néoclassique de la fonction d'épargne et de la fonction d'investissement.

LA FONCTION D'ÉPARGNE (S)

Les individus n'épargnent pas pour le plaisir de détenir des liquidités oisives ; ils n'ont pas de ***préférence pour la liquidité*** ; ils épargnent pour effectuer des placements rémunérés par un taux d'intérêt, qui augmentent leur richesse future. Les agents n'étant pas victime d'une illusion monétaire, ils ne s'intéressent bien entendu qu'au pouvoir d'achat que représente le taux d'intérêt. Ils tiennent donc compte du ***taux d'intérêt réel***, c'est-à-dire du taux d'intérêt nominal (le taux affiché sur les marchés financiers) éventuellement corrigé pour éliminer la dépréciation de la monnaie liée à l'inflation (cf. tome 1, pour la technique de calcul).

L'épargne (S) est donc une fonction croissante du taux d'intérêt réel (i) :

$$S = S(i), \text{ avec } S'(i) > 0 \qquad \ldots(1)$$

Remarque mathématique :

Rappelons que S' (i) est la dérivée de S par rapport à i et qu'elle indique la variation de l'épargne à la marge, pour une variation infinitésimale (tendant vers zéro) de i. (Voir tome 2, chapitre 1, section 2, D. pour une explication littéraire du concept de dérivée.) Par la suite, nous continuerons d'utiliser la présentation $f'(x)$ pour désigner la dérivée d'une variable expliquée f par rapport à une variable explicative x ; $f'(x) > 0$ indiquera une fonction croissante, et $f'(x) < 0$, une fonction décroissante.

L'épargne ne réduit donc pas la dépense globale puisqu'elle est utilisée pour financer l'investissement. Mais rien ne garantit qu'à chaque instant le montant de l'épargne décidé par les agents économiques corresponde précisément aux besoins des investisseurs pour la constitution du capital. Les décisions d'épargne et d'investissement sont en effet prises par des agents différents sans aucune coordination préalable. Le problème n'est qu'apparent, parce que l'investissement, comme l'épargne, dépend du taux d'intérêt, et tout déséquilibre *ex ante* entre l'épargne et l'investissement est corrigé instantanément grâce aux fluctuations du taux d'intérêt.

LA FONCTION D'INVESTISSEMENT

Nous avons vu dans l'analyse microéconomique (tome 2, chapitre 4) que les producteurs confrontés à un marché des facteurs de production parfaitement concurrentiel utilisent un facteur jusqu'au moment où sa productivité marginale physique (la valeur réelle de la production supplémentaire) est égale à son prix réel. Cela vaut autant pour la demande de travail que pour la demande de capital. La demande de capital (de biens d'investissement) est donc telle que la productivité marginale physique du capital (PmK) est égale au prix réel du capital (P_k / P, où P_k est le prix nominal du capital et P, un indice du niveau général des prix). Comme pour la demande de travail, on en déduit que la demande de capital est une fonction décroissante du prix réel du capital.

Il reste à préciser ce qu'est le prix réel du capital. On le mesure dans l'analyse macroéconomique par le taux d'intérêt réel. En effet, un producteur qui ne dispose pas des fonds nécessaires à l'achat de capital doit les emprunter et payer un intérêt. Pour déterminer le volume de son investissement, il compare donc le coût d'emprunt d'un euro supplémentaire (le taux d'intérêt) à la productivité de l'euro supplémentaire investi. Si le producteur autofinance son investissement à l'aide des profits, le taux d'intérêt mesure toujours le coût du capital. En effet, au lieu d'investir ses profits dans des biens d'investissement, le producteur peut les placer sur les marchés financiers. Pour chaque euro investi dans la production, il perd le taux d'intérêt qu'il pourrait percevoir dans un placement financier. Dans les deux cas (financement par emprunt ou autofinancement), le producteur développe son capital tant que la productivité marginale de l'euro investi dans la production est supérieure au taux d'intérêt réel couramment versé pour un euro placé sur les marchés financiers. Partant d'une position d'équilibre, si le taux d'intérêt réel s'élève, toutes choses étant égales par ailleurs, le coût du capital devient supérieur à sa productivité marginale et il est rationnel de réduire la demande de capital.

L'investissement (I) est donc une fonction décroissante (ou encore varie en fonction inverse) ***du taux d'intérêt réel (i)*** :

$$I = I(i), \text{ avec } I'(i) < 0 \qquad \ldots(2)$$

L'ÉQUILIBRE ÉPARGNE = INVESTISSEMENT

Figure 5

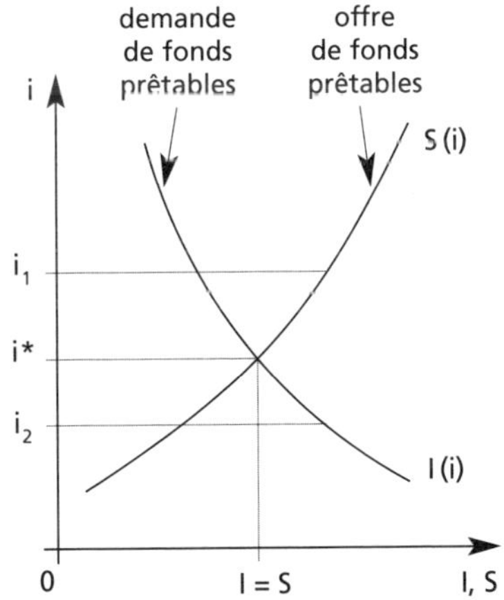

Sur la figure 5, nous représentons l'épargne comme une fonction croissante, et l'investissement comme une fonction décroissante de i. Il existe un taux d'intérêt réel i* tel que I = S. Bien entendu, les investisseurs et les épargnants ne se rencontrent pas sur un marché pour échanger de l'épargne contre des biens d'équipement. Ils se rencontrent indirectement sur les marchés financiers, le plus souvent avec le concours des intermédiaires financiers qui gèrent l'épargne des agents non financiers. Pour comprendre la signification concrète de la figure 5, il suffit de réaliser que l'épargne est une ***offre de fonds prêtables*** (de la part des agents qui disposent de capacités de financement), tandis que l'investissement correspond à une ***demande de fonds prêtables*** (de la part des agents qui ont des besoins de financement).

Quand $i = i_1$, l'offre de fonds de la part des épargnants est trop abondante par rapport aux besoins des investisseurs, les épargnants ont du mal à trouver preneur pour leurs fonds sur les marchés financiers ; ils doivent accepter une rémunération plus faible et le taux d'intérêt baisse jusqu'en i^*.

Inversement, si les besoins des investisseurs sont trop importants par rapport à l'épargne disponible dans l'économie (quand $i = i_2$), les investisseurs devront accepter de payer un taux d'intérêt plus élevé pour trouver les fonds nécessaires ; le taux d'intérêt monte jusqu'à i^*.

Dans l'approche néoclassique, les marchés financiers sont, comme tous les autres, des marchés parfaitement concurrentiels ; les taux d'intérêt sont donc parfaitement flexibles. Si, d'aventure, les plans d'investissement des différents agents économiques n'étaient pas compatibles *ex ante* avec leurs plans d'épargne, l'équilibre épargne-investissement serait instantanément rétabli sur les marchés financiers par un mouvement des taux d'intérêt.

On peut donc considérer qu'à tout moment, $I(i) = S(i)$. L'épargne n'est pas une fuite dans le circuit économique, elle n'est qu'une dépense en biens d'investissement. La loi des débouchés est vérifiée. Le produit intérieur qui assure le plein-emploi (Y_{pe}) est toujours confronté à une demande suffisante pour utiliser la totalité de la production. Le marché du travail et le marché des biens et services sont simultanément en équilibre, et il n'y a pas de chômage autre que le chômage naturel de plein-emploi.

3. L'équilibre monétaire

Jusqu'ici, nous avons représenté l'équilibre réel des marchés de biens et de facteurs sans introduire la monnaie, qui constitue pourtant une caractéristique majeure d'une économie de marché. Nous avons déterminé le niveau d'équilibre de la plupart des grandes variables macroéconomiques (production, emploi, etc.) avec cependant une exception de taille : le niveau général des prix (P). L'étude de l'équilibre monétaire permet à la fois d'augmenter le réalisme du modèle et de déterminer P.

A. La demande et l'offre de monnaie

LES FONCTIONS DE LA MONNAIE

> ***La monnaie, au sens strict, est constituée de l'ensemble des moyens de paiement immédiatement utilisables pour effectuer des règlements et acceptés par tous dans une communauté donnée.***

On reconnaît habituellement trois fonctions à la monnaie : elle constitue un ***étalon de mesure*** de tous les biens ; elle est un ***intermédiaire dans les échanges*** qui évite les limites du troc ; elle est une ***réserve de valeur***.

LA DEMANDE DE MONNAIE DE TRANSACTION

La première fonction de la monnaie (étalon) peut être remplie par n'importe quel bien et ne nécessite pas une détention de monnaie ; elle ne constitue donc pas un motif de demande de monnaie. La monnaie est détenue pour les services qu'elle rend soit comme instrument d'échange, soit comme instrument de réserve. Seul le premier de ces motifs est véritablement retenu dans l'approche néoclassique élémentaire.

En effet, dans un univers ***d'information parfaite et sans incertitude***, les agents n'ont ***pas de préférence pour la liquidité*** ; ils considèrent que la détention de biens matériels ou de titres n'est pas plus risquée que la détention de monnaie ; la monnaie ayant un taux de rémunération le plus souvent nul (voire négatif en cas d'inflation qui déprécie le pouvoir d'achat des encaisses), les agents rationnels préfèrent toujours utiliser les encaisses qui ne sont pas nécessaires aux échanges à des placements financiers rémunérés.

Le seul motif de demande de monnaie est donc le financement efficace des transactions. De façon à pouvoir effectuer des échanges commodément, sans avoir à convertir au préalable des biens ou des titres en monnaie, les agents détiennent une encaisse monétaire qui dépend donc directement de l'importance des échanges. Plus la valeur des biens et services en circulation dans l'économie est importante, plus la quantité de moyens de paiement nécessaire pour effectuer les transactions est importante. Nous pouvons donc exprimer la demande de monnaie (Md) comme une fonction croissante de la valeur des biens et services en circulation dans l'économie (P . Y) :

$$Md = k \,.\, P.Y \qquad \text{...(3)}$$

P est le niveau général des prix, Y, le revenu réel (ou PIB en volume), P . Y, le revenu nominal (ou PIB en valeur), et k, un coefficient positif mesurant l'intensité de la relation entre Md et P . Y. (L'équation [3] est souvent dénommée ***équation de Cambridge,*** du nom de l'école de pensée qui, la première, a proposé cette présentation de la demande de monnaie.)

LA VITESSE DE CIRCULATION DE LA MONNAIE

Précisons la signification concrète de k. À partir de (3), on peut tirer :

$$k = \frac{Md}{P.Y} \qquad \text{...(4)}$$

Le coefficient k est donc la quantité de monnaie (le nombre d'unités monétaires) désirée pour assurer les transactions, divisée par la valeur totale des biens et services en circulation dans l'économie : il mesure le nombre d'unités monétaires nécessaires pour réaliser un euro d'échanges de biens et services dans l'année (si Y est le PIB annuel).

Si k = 0,5, cela signifie que pour chaque euro de PIB, une pièce de 50 centimes en circulation suffit à assurer les échanges ; elle sera donc en moyenne utilisée deux fois. Si k = 0,20, une pièce de 20 centimes suffit à assurer les échanges correspondant à 1 euro de PIB ; elle sera donc en moyenne utilisée cinq fois, etc. On le voit, le coefficient k est simplement l'inverse de la ***vitesse de circulation de la monnaie*** (V).

> ***La vitesse de circulation de la monnaie mesure la valeur des échanges de biens et services qui peut être assurée par la circulation d'une unité monétaire (1 euro par exemple).***

Par définition, donc, V est le rapport entre la valeur des biens et services en circulation durant l'année (P . Y) et le nombre d'unités monétaires en circulation pour assurer les transactions (Md) :

$$V \equiv \frac{P\,.\,Y}{Md} \qquad \ldots(5)$$

On le voit, V est l'inverse de k (1 / k) et réciproquement.

LA FONCTION DE DEMANDE DE MONNAIE

À partir de (3) et (5), on peut adopter deux présentations équivalentes de la demande de monnaie :

$$Md = k\,.\,P\,.\,Y$$

ou bien :

$$Md = \frac{1}{V}\,P\,.\,Y \qquad \ldots(6)$$

La relation (6) fait clairement apparaître les trois facteurs déterminant la demande de monnaie :

– Md est une ***fonction décroissante de la vitesse de circulation de la monnaie*** : plus la monnaie circule vite, c'est-à-dire permet de financer un nombre important de transactions, plus les encaisses nécessaires au financement des échanges (Md) sont faibles ;

– Md est une ***fonction croissante du niveau général des prix*** (P) : plus les prix sont élevés, plus on a besoin d'unités monétaires pour financer un même volume d'échange ; la demande d'encaisses est une demande ***d'en-***

caisses réelles permettant d'assurer un certain ***volume*** d'activité ; les agents anticipent l'inflation et en tiennent compte pour évaluer la valeur des encaisses qui sont nécessaires aux transactions ;

– Md est une ***fonction croissante du revenu réel*** (Y) : plus le volume d'activité est élevé, plus le volume de transactions est important et plus les agents ont besoin de la monnaie qui sert d'intermédiaire dans les échanges.

Remarques :

1°) On présente souvent la demande de monnaie en divisant par P des deux côtés :

$$\frac{Md}{P} = \frac{1}{V} Y.$$

Cette équation est strictement identique à la relation (6), mais cette présentation attire davantage l'attention sur l'absence d'illusion monétaire des agents économiques. Leur demande d'encaisses pour financer les transactions est une demande d'encaisses ***réelles*** (Md / P) en relation avec le ***volume*** des biens et services en circulation (Y) : les encaisses sont destinées à acheter des biens et des services et les agents ne s'intéressent donc qu'au pouvoir d'achat effectif de la monnaie détenue et non à sa valeur nominale.

2°) Pour être précis, on devrait appeler V la vitesse de circulation ***désirée*** par les agents, puisque nous prenons au dénominateur ***la monnaie demandée*** (Md) et non pas ***la monnaie effectivement en circulation*** (Mo). Notons toutefois qu'à l'équilibre, Md = Mo, et la distinction devient inutile.

LA STABILITÉ DE LA DEMANDE DE MONNAIE

D'après (6), on voit que la demande de monnaie peut être considérée comme une fonction stable du revenu nominal (P . Y) si la vitesse de circulation de la monnaie est stable.

La vitesse de circulation de la monnaie peut dépendre de deux types de facteurs :

– les ***habitudes de paiement*** d'une communauté donnée, qui dépendent elles-mêmes de l'état des techniques de paiement et de l'organisation du système bancaire ;

– les ***taux d'intérêt***, qui déterminent le ***coût de détention des encaisses*** non ou peu rémunérées. Les agents rationnels doivent en effet arbitrer entre la commodité pour les échanges que représente la détention d'encaisses monétaires et le coût d'opportunité que constituent les intérêts offerts sur les encaisses placées sur le marché financier. Si les taux d'intérêt s'élèvent, les agents peuvent tenter d'assurer un même volume de transaction en réduisant l'encaisse oisive qu'ils détiennent en stock, ce qui accroît la vitesse de circulation de la monnaie. Inversement, des taux d'intérêt particulièrement faibles peuvent inciter à développer des encaisses dont le coût d'opportunité est peu élevé ; dans ce cas, la vitesse de circulation diminue.

L'approche néoclassique élémentaire néglige ce dernier facteur. La demande de monnaie est supposée peu sensible, voire complètement inélastique, au taux d'intérêt. Les agents maintiennent toujours leurs encaisses non rémunérées au niveau minimum qui est nécessaire au financement des transactions ; ils ne peuvent donc pas réduire ces encaisses, même si les taux d'intérêt s'élèvent, tant que le volume des échanges n'est pas modifié ; par ailleurs, si le volume des échanges ne se développe pas, ils n'ont aucun besoin d'une encaisse non rémunérée supplémentaire, même si les taux d'intérêt diminuent. Ainsi, le taux d'intérêt ne détermine que l'arbitrage entre l'épargne et la consommation, n'agissant pas (ou peu) sur l'arbitrage entre détention de monnaie et placements financiers. La monnaie n'étant détenue que pour assurer de façon efficace les échanges, la quantité qui est nécessaire pour assurer cette fonction ne dépend que des habitudes et des techniques de paiement. Ces dernières pouvant être considérées comme relativement stables dans une économie donnée, la vitesse de circulation de la monnaie doit être à peu près constante, du moins à court terme. Si V est constante, la demande de monnaie apparaît donc comme une fonction stable du revenu nominal (cf. relation [6] ci-dessus).

L'OFFRE DE MONNAIE

La monnaie est offerte par les banques. Cette offre dépend de la politique monétaire de la banque centrale (cf. tome 1).

La question de savoir si la politique monétaire permet effectivement un contrôle précis de la quantité de monnaie en circulation est abordée dans le tome 1. Ici, nous retiendrons uniquement que, dans les modèles simples, l'analyse macroéconomique admet pour hypothèse que l'offre de monnaie est parfaitement contrôlée par les autorités monétaires ou le gouvernement. On dit que l'offre de monnaie (Mo) est ***exogène*** :

$$Mo = \overline{M} \qquad \ldots(7)$$

où la barre sur le M indique une quantité constante pour une politique économique donnée ; rien ne peut faire varier la quantité de monnaie, hormis une décision des autorités monétaires.

B. L'équilibre monétaire

L'équilibre monétaire suppose simplement que Mo soit égale à Md. Soit, en rapprochant les égalités (6) et (7) :

$$\overline{M} = Md = \frac{1}{V} P.Y$$

ce qui nous donne :

$$\overline{M}.V = P.Y \qquad \text{...(8)}$$

Notons que cette relation d'équilibre entre l'offre et la demande de monnaie ne constitue pas à proprement parler une théorie. Tant que l'on ne fait pas d'hypothèses sur l'évolution des différentes variables et les liens de causalité qui existent entre elles, l'équation (8) ***n'est qu'une tautologie comptable*** qui dit ceci : la valeur totale des échanges effectués dans l'année (P. Y) est égale au nombre d'unités monétaires utilisées dans les échanges ($\overline{M}$) multiplié par le nombre de fois où chaque unité monétaire a été en moyenne utilisée dans l'année (V). Il convient donc, pour dépasser l'identité comptable, de préciser les hypothèses néoclassiques qui donnent une réelle signification théorique à cette présentation de l'équilibre monétaire.

LA THÉORIE QUANTITATIVE DE LA MONNAIE

Reprenons la relation (8) :

$$\overline{M}.V = P.Y \qquad \text{...(8)}$$

Nous sommes, rappelons-le, dans une économie où la parfaite flexibilité des prix garantit l'équilibre simultané des marchés de biens et services et des marchés de facteurs. Y correspond donc au PIB qui assure le plein-emploi des facteurs de production : $Y = Y_{pe}$; Y_{pe} ne dépend que de la quantité de facteurs disponible et du progrès technique.

V dépend uniquement des habitudes et des techniques de paiement, qui n'évoluent que très lentement dans le long terme. Donc, à un moment donné, V peut être considérée comme une donnée institutionnelle constante : $V = \overline{V}$.

En tenant compte de ces hypothèses, la relation (8) devient :

$$\overline{M}.\overline{V} = P.Y_{pe} \qquad \text{...(9)}$$

Puisque V et Y_{pe} sont des données exogènes, indépendantes de la quantité de monnaie, la relation (9) décrit une relation directe entre la quantité de monnaie en circulation et le niveau général des prix. Une augmentation de la quantité de monnaie en circulation, pour V et Y_{pe} constants, entraîne nécessairement de l'inflation (hausse de P). Inversement, une réduction de M provoque une baisse du niveau général des prix (déflation). Telle est l'hypothèse essentielle de la ***théorie quantitative de la monnaie***. La quantité de monnaie détermine le niveau général des prix; elle n'a aucune influence réelle sur l'économie : la production (Y) et l'utilisation des facteurs ne sont pas affectées par les variations de M. On dit que la monnaie est « neutre »; elle ne modifie que les valeurs nominales, le prix ***absolu*** des choses, mais laisse inchangés les quantités et les prix réels (les prix relatifs).

L'EFFET D'ENCAISSE RÉELLE (OU « EFFET PIGOU »)

Par quel mécanisme concret les variations de la quantité de monnaie sont-elles reflétées dans le niveau général des prix ? Par ce que l'on appelle ***l'effet d'encaisse réelle*** (initialement énoncé par Arthur Cecil Pigou).

> ***L'effet d'encaisse réelle est la variation des dépenses monétaires décidée par les détenteurs de monnaie en vue de ramener au niveau désiré la valeur réelle de leurs encaisses monétaires après qu'elles ont été modifiées par un choc quelconque.***

Admettons que les pouvoirs publics décident d'accroître l'offre de monnaie, dans l'espoir, par exemple, de stimuler l'activité. La quantité de monnaie en circulation augmente; pour un niveau général des prix inchangé, le pouvoir d'achat monétaire mis en circulation augmente. Partant d'une situation d'équilibre où les agents détenaient des encaisses réelles qu'ils jugeaient satisfaisantes pour assurer les transactions, ils se retrouvent avec des encaisses réelles excédentaires qu'ils vont dépenser sur les marchés. Ces dépenses vont augmenter la demande. Mais l'offre de biens et services ne peut augmenter, puisqu'on est en permanence au plein-emploi des facteurs de production; en conséquence, les pressions sur la demande font monter les prix. La hausse des prix réduit la valeur réelle des encaisses détenues par les agents. Le mouvement se poursuit jusqu'au moment où les encaisses réelles ont retrouvé leur niveau initial.

Inversement, on peut se trouver dans une situation de pénurie d'encaisses, à la suite d'une politique de freinage de la création monétaire. Dans ce cas, les encaisses réelles sont jugées insuffisantes par les agents, qui vont chercher à les reconstituer en réduisant leurs dépenses; la réduction des dépenses provoquera une baisse du niveau général des prix (sur des marché parfaitement concurrentiels); la baisse des prix se poursuit jusqu'au moment où l'on peut à nouveau financer un même volume d'échanges avec moins de monnaie en circulation et où les encaisses réelles ont retrouvé leur niveau initial. Là encore, la monnaie est neutre, le volume d'activité et l'emploi n'ont pas varié, seul l'ensemble des valeurs monétaires a baissé.

La théorie quantitative de la monnaie, qui constitue l'une des clés de voûte de l'économie politique classique et néoclassique, présente quelques caractéristiques manifestement contradictoires avec la réalité. En particulier, la vitesse de circulation de la monnaie n'est pas constante mais connaît des fluctuations significatives, et les variations de la quantité de monnaie semblent le plus souvent entraîner simultanément des variations de prix et des variations de la production. Pour expliquer cette instabilité de la demande de monnaie et l'absence de neutralité de la monnaie, les monétaristes ont proposé une interprétation plus large de la théorie quantitative de la monnaie, dont nous nous contenterons ici de résumer les résultats.

L'APPROCHE MONÉTARISTE DE LA DEMANDE DE MONNAIE

En premier lieu, les monétaristes tentent de montrer que la demande de monnaie peut en effet présenter quelque instabilité à court terme, mais qu'elle est stable à long terme. Selon eux, la demande de monnaie ne dépend pas du revenu courant des agents mais de leur ***revenu permanent***.

> ***Le revenu permanent est le flux de revenu perpétuel qu'un agent peut escompter retirer de l'exploitation de son patrimoine sans diminuer la valeur de ce dernier.***

Le patrimoine, au sens large proposé par Milton Friedman, comprend tous les avoirs (actifs) d'un agent (biens, terrains, actifs financiers) mais aussi son ***capital humain*** (éducation, qualification, expérience). Si un individu loue au mieux les biens immobiliers dont il dispose, il peut en retirer un flux de revenu perpétuel sans réduire la valeur de son capital immobilier ; de même, il peut placer au mieux ses actifs financiers sur les marchés financiers ; il peut aussi louer au mieux son capital humain à des employeurs tout au long de sa vie, etc. Il y a quelque bon sens à considérer que les individus ne déterminent pas leur comportement uniquement à partir du revenu qu'ils perçoivent aujourd'hui, mais aussi en fonction de la façon dont ils anticipent leur revenu permanent.

Milton Friedman et les monétaristes systématisent cette réflexion de bon sens en faisant l'hypothèse que la demande d'encaisses réelles ne dépend que du revenu permanent réel. On peut formuler cette hypothèse ainsi :

$$\frac{Md}{P} = f\left(\frac{R_p}{P_p}\right) \qquad \ldots(10)$$

où R_p mesure le revenu permanent et P_p, le niveau général des prix permanent qui reflète la façon dont les agents anticipent l'inflation à long terme.

Si l'hypothèse monétariste est vérifiée, les fluctuations à court terme du revenu courant n'affecteront pas la demande de monnaie ; le rapport entre la quantité de monnaie et le revenu courant (c'est-à-dire la vitesse de circulation de la monnaie) peut donc être instable. Mais ce phénomène, observé à court terme, masque la stabilité de la relation de long terme entre la demande de monnaie et le revenu permanent.

L'APPROCHE MONÉTARISTE DE LA NEUTRALITÉ

Par ailleurs, les monétaristes expliquent comment, à court terme, les imperfections dans le fonctionnement des marchés et la lenteur des agents à percevoir correctement l'inflation permettent aux variations de la monnaie d'avoir des effets réels sur l'économie. Mais ces effets ne sont pas durables.

Examinons, par exemple, les conséquences d'une augmentation des encaisses monétaires des ménages provoquée par une politique d'extension du crédit à la consommation. Cela peut temporairement stimuler l'activité économique en même temps que l'inflation. En effet, les agents dépensent leurs encaisses supplémentaires ; comme on est au plein-emploi, les entreprises ont des difficultés à accroître la production, et les prix commencent à monter ; mais, à court terme, chaque entreprise ne sait pas si l'augmentation de ses commandes est un phénomène particulier ou un phénomène général, et peut espérer accroître sa part de marché au détriment des autres ; les entreprises sont alors tentées d'élever les salaires pour attirer vers elles les chômeurs « volontaires » et développer leur production ; elles le font d'autant plus volontiers que les prix de vente ont tendance à monter sur les marchés ; comme les chômeurs ne perçoivent pas immédiatement l'inflation qui est en cours, ils pensent que la hausse des salaires nominaux correspond à une hausse réelle, et acceptent plus rapidement les emplois offerts ; le chômage peut donc baisser en deçà de son niveau naturel. La production et l'emploi augmentent donc, au moins dans certaines entreprises, en même temps que les prix. La monnaie a des effets réels, elle n'est pas complètement neutre.

Mais cela ne peut durer. En effet, le niveau général des prix s'élève ; quand, finalement, les individus anticipent correctement l'inflation, ils réalisent que seuls les salaires monétaires s'améliorent et non les salaires réels ; l'offre de travail et le chômage reviennent progressivement vers leur niveau initial ; la quantité de travail régressant, la production fait de même et retourne vers son niveau de départ. Au terme du processus, les encaisses monétaires, les prix et les salaires nominaux sont plus élevés, mais les encaisses réelles, les salaires réels, la production et l'emploi sont inchangés. À long terme, la monnaie est neutre et la théorie quantitative de la monnaie est vérifiée (cf. chap. 4).

Dans les années 1970, la ***théorie des anticipations rationnelles*** (initiée par R. Barro, R. Lucas, T. Sargent) critiquera la théorie monétariste, en estimant que des individus rationnels anticipent correctement l'inflation dès l'instant où le gouvernement annonce une politique monétaire expansionniste. Dans ce cas, il est impossible d'augmenter l'offre en « faisant croire » aux salariés que les salaires réels augmentent. Cette approche revient donc à la théorie classique de la monnaie : la monnaie est neutre, même à court terme.

4. Résumé de l'approche néoclassique

L'ENCHAÎNEMENT DES ÉQUILIBRES

Les marchés de facteurs étant parfaitement concurrentiels et les prix des facteurs parfaitement flexibles, le produit national (ou revenu national) est toujours à un niveau qui tire le meilleur parti de tout le travail et le capital disponibles ; il n'y a pas de chômage en dehors du chômage de recherche volontaire ou du chômage lié à des rigidités institutionnelles qui bloquent la libre négociation des salaires; il n'y a pas de capacités de production inutilisées; le PIB effectif est égal au PIB potentiel.

La totalité du PIB est écoulée sans difficulté sur les différents marchés. Il n'y a jamais d'insuffisance de la demande. En effet, toute la production est transformée en revenu; tout le revenu est utilisé en dépenses de consommation ou en épargne; toute l'épargne est orientée vers le financement des dépenses d'investissement grâce aux fluctuations des taux d'intérêt. Les éventuels déséquilibres *ex ante* entre la structure de la demande et la structure de l'offre sont corrigés immédiatement par des fluctuations des prix relatifs des différents biens et services.

La détention de monnaie permet un développement optimal des échanges, mais ne constitue pas une fuite susceptible de soustraire une partie du revenu à la dépense. Les agents n'ont en effet aucune raison de détenir de la monnaie en dehors du motif de transaction; leur demande de monnaie pour ce motif est très stable; ils maintiennent la valeur réelle de leurs encaisses dans une proportion stable par rapport au volume réel des échanges; toute variation inattendue de la quantité de monnaie en circulation conduit les agents à ajuster la valeur de leurs dépenses de façon à rétablir le niveau désiré des encaisses réelles; l'économie étant en permanence au plein-emploi, l'offre globale des biens et services ne peut varier; en conséquence, les mouvements de la demande induits par les variations de la quantité de monnaie se reflètent entièrement dans le niveau général des prix. La monnaie n'a donc pas d'effet réel sur l'économie; elle détermine seulement le niveau général des prix et n'agit ni sur les prix relatifs des biens ou des facteurs, ni sur l'emploi, ni sur la production.

POLITIQUE ÉCONOMIQUE

Dans ce contexte, il n'y a guère de place pour la politique macroéconomique. Les seules interventions nécessaires sont celles qui garantissent un fonctionnement concurrentiel des marchés et limitent les rigidités institutionnelles qui pèsent éventuellement sur les fluctuations des prix et salaires. Il n'est même pas évident qu'une intervention publique soit nécessaire si les marchés mettent quelque temps à s'ajuster après un choc. En effet, comme l'a notamment suggéré Hayek, dans un contexte d'information imparfaite qui explique la lenteur d'ajustement d'un marché à de nouvelles conditions, la libre négociation et le libre « tâtonnement » du marché restent le meilleur moyen de révéler et de brasser les informations nécessaires au retour vers l'équilibre; dans cette optique, toute intervention publique pour « corriger » le marché risque de retarder l'ajustement en freinant ce processus irremplaçable de circulation de l'information.

MÉTHODOLOGIE

Les principales caractéristiques méthodologiques de l'approche développée dans ce chapitre sont les suivantes :

– ***L'analyse est microéconomique.*** Plus précisément, le souci théorique est de développer une explication du fonctionnement de l'économie nationale qui dérive du postulat de rationalité des comportements individuels, ou qui, du moins, soit compatible avec ce postulat. Si les problèmes, à l'échelle nationale, sont toujours macroéconomiques, la théorie, elle, doit avoir des fondements microéconomiques.

– ***L'analyse est statique et non dynamique.*** Ainsi, quand on examine l'évolution d'un marché après un changement quelconque (exemple : une variation de la demande), on n'étudie pas précisément les processus concrets par lesquels le marché va passer d'une position d'équilibre à une autre; on se contente de décrire le nouvel équilibre. Ce qui se passe entre deux points d'équilibre et le temps que cela prend ne constituent pas un sujet d'analyse très important quand on part du postulat que tout marché est automatiquement et instantanément équilibré grâce à la parfaite flexibilité des prix.

– ***L'analyse se situe dans le long terme.*** Il s'agit là d'un corollaire de la caractéristique précédente. Le long terme peut être considéré comme une période suffisamment longue pour que tous les ajustements nécessaires à l'équilibre des marchés aient eu le temps de s'opérer. Puisqu'on raisonne ici en postulant un équilibre instantané de tous les marchés, l'analyse s'intéresse, par définition, au long terme. En fait, cela revient à ne pas réellement prendre en compte le rôle du temps dans les processus économiques. Cette démarche est raisonnable si le temps nécessaire au passage d'un point d'équilibre à un autre est relativement court, ou encore si le court terme est vraiment court; dans ce cas, en effet, ce qui importe, c'est le résultat final du processus d'ajustement, ce vers quoi, très rapidement, l'économie va tendre.

2

L'équilibre macroéconomique avec des prix rigides

L'approche keynésienne

En 1936, John Maynard Keynes (1883-1946) publie *la Théorie générale de l'emploi, de l'intérêt et de la monnaie*. Les travaux de Keynes sont assurément à l'origine de l'essentiel des développements de l'analyse macroéconomique moderne, que ce soit grâce à des prolongements proposés par les ***keynésiens***, ou grâce aux vives critiques qu'ils ont suscitées chez les économistes d'inspiration néoclassique (cf. tome 1).

Certaines interprétations de la théorie de Keynes ont mis en avant son ***approche macroéconomique*** et le ***rôle du budget de l'État*** dans la régulation de la conjoncture, ces aspects importants ne constituent pas cependant son apport le plus original. En fait, l'approche macroéconomique domine toute la pensée économique classique jusqu'à la révolution marginaliste de la fin du XIXe siècle. Par ailleurs, comme Keynes le signale lui-même, les mercantilistes du XVIIIe siècle ont déjà analysé l'effet stimulant des dépenses de l'État sur l'activité économique.

Le véritable changement de méthode est donc ailleurs. Comme l'ont notamment montré R. W. Clower (en 1965) et A. Leijonhufvud (en 1970), la véritable critique de Keynes à l'égard de l'économie politique classique et néoclassique se situe sur le plan des ***fondements microéconomiques de l'analyse macroéconomique*** : dans un univers ***d'information imparfaite***, on ne peut pas faire confiance aux mécanismes de prix pour rétablir rapidement l'équilibre sur tous les marchés, comme le prétend la théorie de l'équilibre général. Que se passe-t-il dans l'économie si ***les ajustements ne se font pas par les prix*** (salaires, prix des biens, taux d'intérêt), ***mais par les quantités*** (production, emploi, chômage) ?

Tout comme au chapitre 1, nous ne nous préoccupons pas d'histoire de la pensée économique et ne cherchons pas à distinguer ***keynésiens***, ***néokeyné-***

siens ou ***post-keynésiens***. Nous classons par pure commodité sous le label « approche keynésienne » toute analyse qui part de la question posée au paragraphe précédent.

Une logique de la demande :

L'approche keynésienne inverse le postulat de départ de l'analyse néoclassique. Les prix ne sont plus parfaitement flexibles, mais ***rigides à court terme***. En effet, la plupart des marchés de biens et services ne peuvent pas fonctionner comme une Bourse où sont rassemblées toutes les offres et toutes les demandes autour d'un « commissaire-priseur » qui assure la fixation quasi instantanée des prix d'équilibre. À court terme donc, les agents sont obligés de raisonner à prix fixés et opèrent tout ajustement nécessaire en agissant sur les quantités (consommation, investissement, production, emploi...).

Dès l'instant où les agents ne peuvent plus compter sur la flexibilité parfaite des prix pour équilibrer instantanément tous les marchés, il existe une incertitude réelle quant à la réalisation de leurs plans. Les entreprises ne sont pas assurées d'écouler n'importe quelle quantité de biens et services ; en cas de surproduction, la baisse des prix et des taux d'intérêt n'éliminera pas aussitôt les stocks invendus ; leurs débouchés effectifs dépendent de la demande des autres agents. Or la demande des autres agents dépend aussi de la réalisation de leurs propres plans. Les ménages, par exemple, prévoient un certain niveau de consommation dans le cas où il parviennent à louer leur force de travail comme prévu, ce qui dépend de la demande de travail des entreprises.

Dans un univers où la réalisation des plans en termes de quantités échangées n'est pas garantie par un mécanisme d'équilibre automatique, les agents prennent leurs décisions en fonction de la demande anticipée pour les biens ou les facteurs qu'ils ont à offrir. Contrairement à la logique du chapitre précédent, où l'offre créait sa propre demande, c'est à présent la ***demande effective*** à laquelle les agents s'attendent à être confrontés, à l'équilibre, qui détermine l'offre. L'ordre logique dans lequel on doit aborder l'étude de l'équilibre macroéconomique se trouve donc modifié par rapport au chapitre précédent. Au chapitre 1, toute l'analyse s'enchaînait à partir de l'offre de travail ; dans ce chapitre-ci, le fonctionnement des différents marchés découle de la demande de biens et services. En effet, puisque le niveau auquel s'établit la demande globale de biens et services joue un rôle aussi important, il faut, en premier lieu, étudier les ***facteurs déterminant la demande*** (section 1, ci-dessous). On peut ensuite étudier ***l'équilibre sur le marché des biens et services*** qui détermine le PIB (section 2). Cette étude montre que deux variables essentielles (l'épargne thésaurisée et le taux d'intérêt) ne sont pas déterminées sur le marché des biens et services, mais sur le marché monétaire. Cette nécessité nouvelle d'intégrer la monnaie conduit donc logiquement à l'analyse de ***l'équilibre monétaire*** (section 3). Enfin, c'est le PIB (Y) qui détermine l'emploi, et nous concluons par l'étude du ***marché du travail*** (section 4).

1. Les déterminants de la demande globale

A. La demande de consommation et l'épargne

LA FONCTION DE CONSOMMATION DE KEYNES

La demande d'un bien, nous l'avons vu dans le tome 2, est fonction du revenu des agents et du prix relatif de ce bien par rapport aux autres biens. Au plan macroéconomique, on peut donc faire l'hypothèse que la consommation globale est uniquement fonction du revenu réel Y (les mouvements de prix relatifs modifiant la répartition du budget de consommation entre les différents biens et non le volume total de la consommation). Plus précisément, selon l'hypothèse de Keynes (sa ***loi psychologique fondamentale***), les agents augmentent leur consommation (C) quand le revenu (Y) s'élève, mais ne consacrent qu'une fraction de l'augmentation du revenu à la consommation. On appelle ***propension marginale à consommer*** (c) la variation de la consommation induite par une variation marginale (infinitésimale) du revenu, soit :

$$c = \frac{dC}{dY}, \quad \text{avec } 0 < c < 1.$$

Si c = 0,8 cela signifie que les agents consomment 80 % d'une augmentation du revenu, ou encore qu'une augmentation de 1 euro du revenu induit 0,8 euro de consommation supplémentaire. On peut donc proposer une première formulation de la fonction de consommation :

$$C = cY \qquad \ldots(1)$$

Notons qu'avec cette formulation, la propension marginale est constante et est égale à la propension moyenne, c'est-à-dire à la part du revenu national qui est en moyenne consacrée à la consommation :

$$c = \frac{dC}{dY} = \frac{C}{Y}.$$

On retient plus souvent une autre spécification de la fonction de consommation pour tenir compte de ce qu'il existe probablement une consommation incompressible indépendante du niveau du revenu. Si le revenu national s'effondrait jusqu'à devenir nul, une consommation minimum serait assurée grâce à l'épargne constituée les années précédentes. Si l'on désigne par C_0 cette consommation autonome par rapport au revenu, la fonction de consommation devient :

$$C = C_0 + cY \qquad \text{...(2)}$$

Notons que, dans ce cas, la propension moyenne est :

$$\frac{C}{Y} = \frac{C_0}{Y} + c.$$

La propension moyenne est donc supérieure à la propension marginale et décroît régulièrement quand le revenu augmente. Un certain nombre d'estimations statistiques ont conduit à penser que la formulation (2) correspondrait assez bien à la fonction de consommation à court ou moyen terme, tandis que la formulation (1) décrirait mieux la relation réelle à long terme. La contradiction apparente entre les fonctions de consommation à court terme et à long terme a contribué à des développements critiques de la fonction de consommation keynésienne (théories du revenu permanent et du cycle vital notamment). Au stade présent de notre analyse, le choix de l'une ou l'autre forme n'a pas d'incidence réelle et nous retiendrons la formulation (2) qui est la plus fréquente.

LA FONCTION D'ÉPARGNE

L'épargne (S) est un résidu : elle est tout simplement la partie du revenu qui n'est pas consommée.

$$S = Y - C = Y - cY = (1 - c)Y.$$

Si la propension à consommer est de 0,8 et qu'en conséquence 80 % du revenu est consommé, 20 % du revenu est épargné. La propension marginale à épargner (s) est simplement la complémentaire, par rapport à 1, de la propension à consommer (c) :

$$s = 1 - c, \quad \text{et} \quad S = sY.$$

La différence de méthode avec l'approche néoclassique est claire.

Dans le chapitre précédent, l'épargne dépend du taux d'intérêt; elle reflète donc essentiellement un comportement de placement financier; le taux d'intérêt arbitre entre la consommation présente et l'épargne (qui représente des consommations futures).

Dans l'approche keynésienne, les agents cherchent d'abord à satisfaire leurs besoins de consommation présente. S'il reste quelque chose par rapport au revenu qu'ils ont effectivement perçu, cela constitue une épargne. C'est alors seulement qu'ils seront sensibles aux taux d'intérêt pour déterminer sous quelle forme il faut détenir cette épargne (liquide, compte d'épargne, obligations...). Le taux d'intérêt détermine l'arbitrage entre les différentes formes de placements financiers des ménages et non pas le volume global de leur épargne.

B. La demande d'investissement

Sur ce point, l'analyse keynésienne suit la tradition néoclassique en faisant de l'investissement (I) une fonction décroissante du taux d'intérêt réel (i). L'analyse s'appuie sur les critères de choix d'investissement que sont le ***bénéfice actualisé*** et le ***taux de rendement interne*** (ou ***efficacité marginale du capital*** dans la terminologie de Keynes).

LE BÉNÉFICE ACTUALISÉ

L'investisseur doit comparer les flux de revenus futurs qu'il attend de son investissement au cours des n années à venir (R_1, R_2, R_3, ..., R_n), au coût de l'investissement (I). Dans ce calcul, il faut tenir compte de ce qu'une somme versée dans le futur a moins de valeur qu'une somme équivalente versée aujourd'hui. Pour mesurer correctement le bénéfice tiré de l'investissement, il faut donc ramener les revenus futurs à leur ***valeur actuelle*** par la technique dite de l'actualisation.

Le principe du calcul d'actualisation est simple. Prenons par exemple une somme S_0 qui rapporte chaque année un intérêt i. Cette somme vaudra :

$S_1 = S_0 (1 + i)$ au bout d'un an,

$S_2 = S_1 (1 + i) = S_0 (1 + i)^2$ au bout de deux ans,

$S_3 = S_2 (1 + i) = S_0 (1 + i)^3$ au bout de trois ans,

...,

$S_n = S_0 (1 + i)^n$ au bout de n années.

De cette dernière expression on peut tirer la ***valeur présente*** (S_0) d'une somme S_n reçue dans n années :

$$S_0 = \frac{S_n}{(1 + i)^n} \qquad ...(3)$$

Le ***bénéfice actualisé*** (BA) est égal à la valeur présente du flux de revenu attendu pendant les n années correspondant à la durée d'exploitation de l'investissement (R_1, R_2, ..., R_n), moins le coût de l'investissement (I) :

$$BA = \frac{R_1}{(1+i)^1} + \frac{R_2}{(1+i)^2} + \ldots + \frac{R_n}{(1+i)^n} \qquad \ldots(4)$$

où i est le ***taux d'actualisation*** retenu pour mesurer le rythme auquel l'investisseur estime que les valeurs se déprécient dans le temps. Il est clair que l'entreprise ne retient que les projets d'investissement ayant un bénéfice actualisé positif et accorde sa préférence à ceux qui présentent le BA le plus élevé.

Toutefois, il ne suffit pas que le bénéfice actualisé soit positif, voire élevé, pour justifier l'investissement. Il est également nécessaire que la rentabilité des fonds investis dans l'entreprise soit au moins aussi bonne que celle des fonds investis sur les marchés financiers. Autrement dit, le ***taux de rendement interne*** de l'investissement doit être supérieur ou égal au taux de rendement des placements financiers disponibles (pour un degré de risque équivalent entre les deux formes de placement).

LE TAUX DE RENDEMENT INTERNE (OU EFFICACITÉ MARGINALE DU CAPITAL)

Le calcul du taux de rendement interne revient à calculer à quel taux d'intérêt il faudrait placer, sur les marchés financiers, la valeur correspondant au montant de l'investissement, pour obtenir un revenu équivalent au flux de recettes attendu dans l'entreprise. Si l'on s'aperçoit alors que le taux d'intérêt effectivement disponible sur les marchés financiers est supérieur à ce taux de rendement interne, il vaut mieux renoncer à l'investissement et acheter des titres. Inversement, si le taux d'intérêt des placements financiers est inférieur à ce qui serait nécessaire pour assurer une rentabilité équivalente à celle de l'investissement, ce dernier est préférable.

Par exemple, une machine qui vaut 1 000 € et ne sera utilisée qu'une seule année doit rapporter 1 100 € dans un an. Pour obtenir dans un an une somme de 1 100 € en plaçant 1 000 € cette année, il faut un taux de rendement r tel que : $1\,000 \,.\, (1 + r) = 1\,100$, ou encore tel que :

$$(1 + r) = \frac{1\,100}{1\,000} = 1{,}1 \qquad \ldots(5)$$

Donc, r = 0,1 = 10 %. Si le taux d'intérêt effectif sur les titres est inférieur ou égal à 10 %, on peut procéder à l'investissement. Si le taux d'intérêt est supérieur, il vaut mieux effectuer un placement financier.

On constate que r est le taux d'actualisation qui annule le bénéfice actualisé. En effet, d'après la relation (5) ci-dessus, on peut écrire :

$$1\,000 = \frac{1\,100}{(1 + r)}.$$

On constate bien que le coût de l'investissement (1 000) est égal à la valeur présente des recettes attendues [1 100 / (1 = r)]. On retiendra donc, de façon générale :

> ***Le taux de rendement interne d'un investissement est le taux d'actualisation qui annule le bénéfice actualisé.***

Pour n années, le taux de rendement interne est donc le taux r tel que :

$$BA = \frac{R_1}{(1+r)^1} + \frac{R_2}{(1+r)^2} + \dots + \frac{R_n}{(1+r)^n} - I = 0 \qquad \dots(6)$$

Les investissements ont lieu quand r est supérieur ou égal à i, le taux d'intérêt disponible sur les marchés financiers. Si le taux d'intérêt s'élève, un nombre plus important de projets passe en dessous du seuil de rentabilité et I diminue. Inversement, si i diminue, l'investissement est stimulé. L'investissement est bien une fonction décroissante de i.

LA FONCTION D'INVESTISSEMENT

Par souci de commodité et d'homogénéité avec le traitement retenu pour la fonction de consommation, on peut représenter la fonction d'investissement par une fonction linéaire :

$$I = bi, \text{ avec } b < 0 \qquad \dots(7)$$

où b peut être interprété comme un indicateur de l'élasticité de l'investissement par rapport au taux d'intérêt. Il s'agit en effet de la dérivée de I par rapport à i, c'est-à-dire qu'il indique la variation de I induite par une variation marginale du taux d'intérêt.

Remarque sur le concept d'élasticité :

L'élasticité *stricto sensu* se définit par : $e_{I/i} = \frac{dI/I}{di/i} = \frac{dI}{di} \cdot \frac{i}{I}$.

Voir le tome 2, chapitre 2, pour des explications complémentaires sur les calculs d'élasticités.

On constate que la dérivée de I par rapport à i ne constitue qu'une partie de l'élasticité. Mais l'élasticité varie toujours dans le même sens que dI/di. On peut donc prendre dI/di, non comme une mesure exacte du niveau de l'élasticité, mais comme un indicateur correct du sens de variation de cette élasticité. Il ne s'agit donc pas vraiment de l'élasticité ; cependant, dans la suite de cet ouvrage, pour ne pas alourdir inutilement l'exposé, nous emploierons parfois simplement le terme d'élasticité quand nous utiliserons ce type d'indicateur.

La relation (7) ne met en avant que le facteur taux d'intérêt. Mais il ne faut pas oublier que la décision d'investissement résulte d'une comparaison entre le taux d'intérêt et la rentabilité escomptée de l'investissement. Le producteur tient donc également compte des profits futurs qu'il espère en réalisant un investissement : ces profits dépendent eux-mêmes de la productivité des équipements qui seront mis en place, de l'évolution future de la demande, de l'état futur de la concurrence… La fonction d'investissement telle que nous l'avons formulée ci-dessus ne signifie donc pas que l'investissement ne dépend *que* du taux d'intérêt, mais que, ***toutes choses étant égales par ailleurs***, et notamment ***les anticipations des entreprises sur la demande***, l'investissement est une fonction décroissante du taux d'intérêt.

C. La demande extérieure

C et I constituent la demande intérieure, c'est-à-dire la demande de biens et services par les agents résidents. Mais, dans une économie ouverte, une partie du produit intérieur est exportée. Les exportations (X) constituent la demande extérieure. Leur volume dépend en premier lieu des prix des produits exportés et de la situation économique des pays étrangers. Pour des prix donnés, on peut donc les considérer comme exogènes par rapport à l'équilibre économique national.

Comme une partie des produits achetés par les agents résidents sont importés, on peut utiliser le concept de ***demande extérieure nette*** en déduisant des exportations les importations de biens et services (M). La demande extérieure nette est donc : $X - M$.

Les importations ne peuvent être, comme les exportations, considérées comme exogènes. En effet, elles dépendent directement du volume de l'activité intérieure. Les agents intérieurs consacrent en effet une fraction de leurs dépenses à des produits étrangers (biens de consommation ou d'équipement, matières premières…); ils ont une certaine ***propension à importer***. Toutes choses étant égales par ailleurs, plus la consommation et l'investissement intérieurs sont élevés, plus le volume des importations augmente. M est une fonction croissante du revenu intérieur (Y). On peut donc écrire une fonction d'importation :

$$M = mY, \text{ avec } 0 < m < 1.$$

m est la ***propension marginale à importer*** ; elle mesure la fraction d'une augmentation du revenu national qui est consacrée à des importations.

La demande extérieure nette est donc :

$$X - mY.$$

2. L'équilibre sur le marché des biens et services

A. L'équilibre offre-demande globales

L'ÉQUILIBRE COMPTABLE ET L'ÉQUILIBRE ÉCONOMIQUE

Comme nous l'avons déjà expliqué dans le tome 1, l'équilibre entre l'offre et la demande globales suppose, en économie fermée, l'égalité :

$$Y = C + I \qquad \ldots(8)$$

ou encore : $Y - C = I$,

ce qui est équivalent à : $S = I$.

Comme l'a montré notre discussion de la loi des débouchés de J.-B. Say, l'équilibre du marché des biens et services suppose que l'épargne soit égale à l'investissement. En effet, si l'épargne est un revenu non dépensé, la dépense n'est plus égale à la production ; si l'épargne ne sert qu'à financer des dépenses d'investissement, l'identité entre la dépense et la production est maintenue.

Au chapitre précédent, il existait un mécanisme équilibrant automatiquement S et I : les fluctuations du taux d'intérêt. Dans l'approche keynésienne, ce mécanisme ne joue plus puisque l'épargne ne dépend pas du taux d'intérêt, mais du revenu. On a : $S(Y) = I(i)$. L'épargne et l'investissement dépendent de variables différentes et reflètent des comportements non coordonnés d'agents le plus souvent différents. Il n'y a aucune raison *a priori* pour que l'épargne, décidée pour l'essentiel par les ménages en fonction de leur revenu et de leurs désirs de consommation, soit justement égale à la valeur des investissements, déterminée pour l'essentiel par les entreprises en fonction des taux d'intérêt et des anticipations sur la demande future. En l'absence d'un mécanisme automatique d'équilibre entre I et S, la loi des débouchés ne tient plus, ***l'équilibre économique*** entre l'offre et la demande globales n'est plus garanti.

Certes, l'équilibre comptable est toujours vérifié. Ainsi, par exemple, s'il y a trop d'épargne (pas assez de consommation), les entreprises ont du mal à écouler leurs biens de consommation, et les stocks (et donc l'investissement) augmentent. L'équilibre comptable entre I et S est rétabli par une augmentation des stocks, mais celle-ci constitue un investissement non désiré au départ (*ex ante*) par les entreprises. Les agents ne parviennent pas à réaliser leurs plans. Il apparaît ainsi un déséquilibre économique que les mécanismes de prix sont impuissants à corriger.

L'ÉQUILIBRE DE SOUS-EMPLOI

On peut représenter l'équilibre du marché des biens et services par la figure 6, qui porte le revenu réel Y sur l'axe horizontal et la demande globale sur l'axe vertical.

La demande globale (DG) est égale à :

$$DG = C_0 + cY + I + X - mY.$$

Elle comprend donc une partie autonome (indépendante du revenu), DA :

$$DA = C_0 + I + X.$$

Figure 6

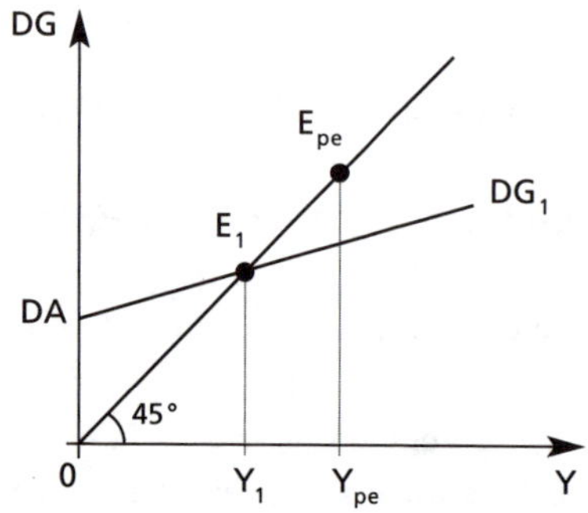

La demande autonome est portée sur l'axe vertical au point DA. Au-delà de ce point, quand le revenu varie, la demande globale varie d'un montant égal à :

$$\text{Demande variable} = cY - mY.$$

La droite à 45° qui part de l'origine décrit l'ensemble des points pour lesquels l'offre globale (Y) est égale à la demande globale (DG). Quand la demande globale est égale à DG_1, le point d'équilibre entre l'offre et la demande globales est donc le point E_1, et, en ce point, le revenu réel est égal à Y_1.

Cette façon de présenter les choses est keynésienne en ce sens que c'est le niveau de la demande qui détermine le revenu d'équilibre et non l'inverse (comme dans l'approche classique). De ce fait, rien ne garantit que Y_1 assure le plein-emploi des facteurs de production et en particulier du facteur travail. En effet, dans notre raisonnement, Y_1 n'a pas été fixé en tenant compte du volume des facteurs disponibles; Y_1 a été déterminé par les producteurs en fonction de la demande intérieure et extérieure à laquelle ils pensent être confrontés à l'équilibre (principe de la ***demande effective*** chez Keynes). Il n'est déjà pas certain que la demande réelle atteindra finalement le niveau anticipé par les producteurs, et le marché des biens et services risque toujours d'être déséquilibré; mais, en outre, même si les anticipations des producteurs sont correctes et qu'ils rencontrent réellement une demande suffisante pour écouler toute leur production, rien ne garantit que ce niveau de production soit précisément celui qui permet d'offrir un travail à tous les demandeurs d'emploi. Sur la figure 6, l'équilibre de plein-emploi peut très bien se situer au point E_{pe}, par exemple. On peut donc avoir un équilibre sur le marché des biens et services, et du chômage sur le marché du travail : il s'agit d'un équilibre de sous-emploi ; la demande est suffisante pour écouler la production, mais insuffisante pour employer tous les travailleurs à la recherche d'un emploi. Comme nous le verrons dans la section 3 ci-dessous, l'approche keynésienne conteste l'existence d'un mécanisme de rééquilibrage automatique du marché du travail par les fluctuations du salaire réel. En conséquence, le chômage peut durer. Ce chômage vient d'une insuffisance de la demande globale à laquelle rien ne viendra remédier puisque, au point E, l'offre est égale à la demande et que les producteurs ne sont pas incités à produire davantage. Pour résorber ce chômage, il faudrait que les entreprises anticipent une augmentation de la demande future et, par exemple, se remettent à investir, poussant ainsi la demande globale vers le haut, ce qui rapprocherait le point E_1 du point E_{pe}. Ce mouvement devrait ramener d'autant plus vite vers l'équilibre que l'investissement exerce un ***effet multiplicateur*** sur le revenu réel (cf. C. ci-dessous).

L'ÉCART INFLATIONNISTE

Sur la figure 6, nous avons supposé une demande inférieure au niveau nécessaire au plein-emploi. Mais il faut également envisager le cas où la demande, loin d'être insuffisante, est trop importante par rapport aux capacités de production. Ce pourrait être le cas, par exemple, à la suite d'une politique économique de stimulation de la demande.

Sur la figure 7, nous complétons la figure 6 pour tenir compte de cette nouvelle possibilité. Si la demande est au niveau DG_1, on est, comme précédemment, en situation de sous-emploi. Une politique économique est nécessaire pour amener la demande au niveau DG_{pe} qui assure le plein-emploi. Mais si cette politique économique pousse la demande jusqu'en DG_2, le nouveau point d'équilibre entre l'offre et la demande globales se situe en E_2.

Figure 7

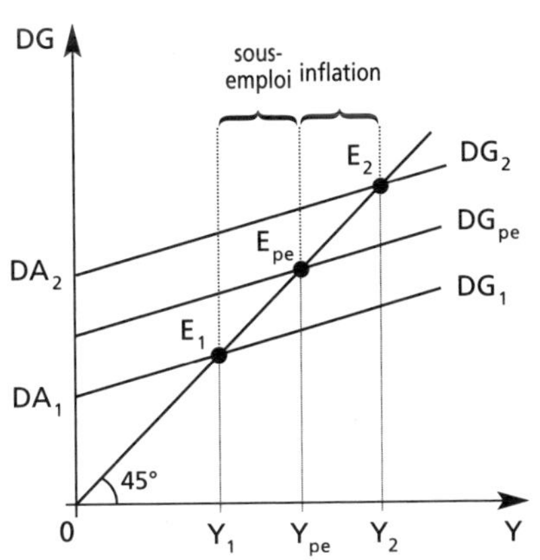

Cela supposerait une production Y_2 qui est impossible puisqu'elle excède Y_{pe}, qui indique le maximum possible quand on utilise pleinement tous les facteurs de production disponibles. Dans ce cas, la demande globale excédentaire provoque une augmentation du niveau général des prix. Tant que la demande reste inférieure ou égale à DG_{pe}, ce sont les quantités produites par les entreprises qui augmentent et non les prix : l'offre globale est parfaitement élastique parce qu'il existe des capacités de production inutilisées.

Mais dès que la demande dépasse DG_{pe}, ce sont les prix qui s'élèvent et non les quantités produites. À gauche du point E_{pe}, l'économie connaît le chômage par insuffisance de la demande ; à droite de ce point, elle subit l'inflation par excès de la demande.

L'OFFRE GLOBALE ET LA COURBE DE PHILLIPS

À partir des analyses qui précèdent, on peut représenter la courbe d'offre globale, c'est-à-dire la relation entre l'offre globale de biens et services et le niveau général des prix. Dans l'approche classique, nous l'avons vu, elle est verticale (figure 4, chapitre 1).

Dans l'approche keynésienne, les prix sont rigides à court terme tant que le produit intérieur n'atteint pas le niveau correspondant au plein-emploi. Sur la figure 8-a, le niveau général des prix P* reste inchangé tant que le produit reste inférieur à Y_{pe} ; les producteurs ont des capacités de production inutilisées ; il existe des chômeurs disposés à travailler aux taux de salaires courants ; il est donc possible de répondre à n'importe quelle demande supplémentaire sans augmenter les prix ; l'offre est infiniment élastique jusqu'en Y_{pe}. Au-delà de Y_{pe}, on retrouve la situation classique : l'offre devient rigide et seuls les prix peuvent augmenter si la demande globale augmente encore.

Figure 8-a

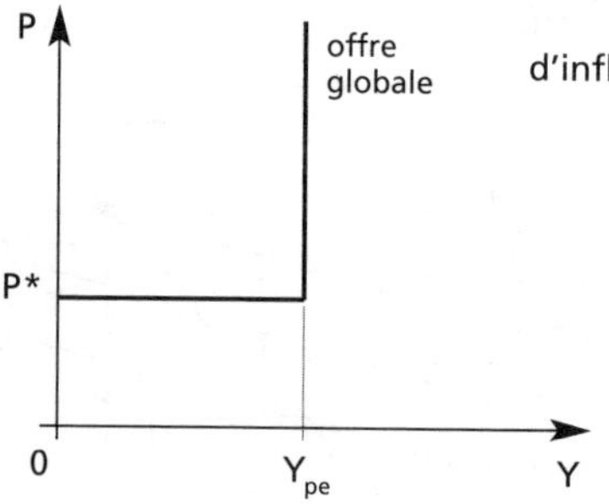

Figure 8-b

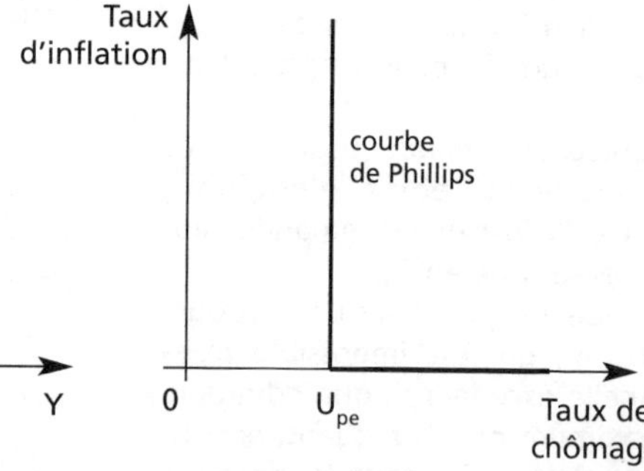

À cette courbe d'offre en L renversé correspond une relation entre l'inflation et le chômage. En effet, si la courbe de demande coupe l'offre à gauche de Y_{pe}, on a du chômage sans inflation ; si elle la coupe à droite de Y_{pe}, on a le plein-emploi et l'inflation. Dans ce modèle keynésien élémentaire, le chômage et l'inflation sont des phénomènes antinomiques. On représente la relation correspondante entre chômage et inflation sur la figure 8-b. Il est convenu d'appeler cette relation la ***courbe de Phillips***. On porte l'inflation (% de variation du niveau général des prix) sur l'axe vertical et le taux de chômage (% de la population active au chômage) sur l'axe horizontal.

On admet qu'il existe un chômage incompressible correspondant au fonctionnement normal du marché du travail au plein-emploi : U_{pe}. Au point U_{pe}, l'économie est au plein-emploi et l'inflation est nulle ; à droite de ce point, on a un chômage keynésien dû à une insuffisance de la demande ; on peut donc le réduire par des politiques de stimulation de la demande en se déplaçant vers la gauche ; l'offre étant parfaitement élastique tant que l'on n'est pas au plein-emploi, la stimulation de la demande n'entraîne pas d'inflation. En revanche, quand on atteint le point U_{pe}, il n'est plus possible de réduire le chômage, et l'offre devient rigide ; si l'on stimule encore la demande, le chômage ne diminue pas mais l'inflation apparaît et se développe en raison d'un excès de la demande ; on se déplace vers le haut, le long de la partie verticale de la courbe de Phillips.

Pour les néoclassiques ou monétaristes, seule la partie verticale de la courbe existe vraiment à moyen et long terme. Une interprétation néokeynésienne de la relation inflation-chômage débouche sur une courbe continue plutôt que sur la courbe discontinue de la figure 8-b.

En effet, au fur et à mesure que l'on utilise plus intensivement les capacités de production disponibles, les tensions inflationnistes se font sentir avant même que l'économie soit au plein-emploi. En particulier, il faut tenir compte de ce que toutes les entreprises et tous les secteurs d'activité ne parviennent pas au plein-emploi en même temps. Certaines entreprises ou certains secteurs travaillant déjà à la limite des capacités de production disponibles commencent à augmenter leurs prix alors que les autres disposent encore de capacités inutilisées plus ou moins importantes. L'inflation augmente donc progressivement, et le chômage diminue au fur et à mesure que l'on se rapproche du plein-emploi. De ce point de vue, la courbe de Phillips a l'allure générale décrite sur la figure 9.

Figure 9

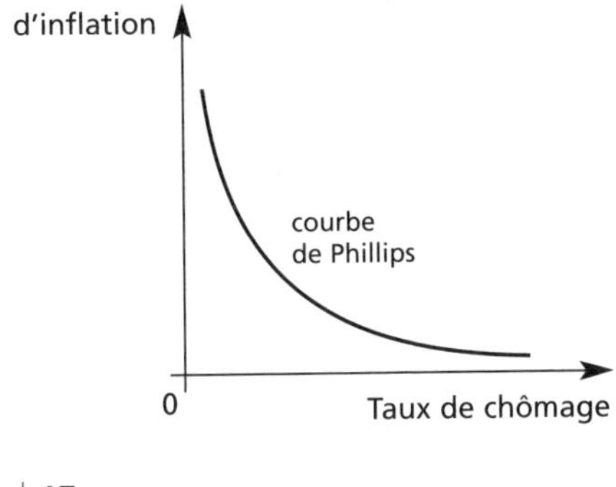

À la suite des travaux de Phillips (en 1958), de nombreuses estimations statistiques ont montré qu'une relation inverse de ce type existait bien dans la plupart des pays industrialisés, du moins dans les années 1950 et 1960.

Cette relation est conforme à la logique keynésienne : l'inflation et le chômage sont des problèmes essentiellement opposés et non concomitants ; quand l'un s'accentue, l'autre régresse.

Le dilemme de la politique économique consisterait alors à arbitrer entre l'accélération de l'inflation et celle du chômage. La quasi-disparition d'une relation de Phillips stable dans les années 1970, avec l'aggravation simultanée du chômage et de l'inflation (la ***stagflation***), a plongé bien des pays industriels dans un dilemme encore plus délicat. Nous développerons les débats théoriques autour de la courbe de Phillips dans le chapitre 4.

B. Les effets multiplicateurs et la politique budgétaire

L'analyse keynésienne du marché des biens et services conduit à cette conclusion : la politique économique est nécessaire pour stimuler la demande globale en situation de sous-emploi et freiner la demande en situation d'inflation. Ces politiques de régulation de la demande devraient être d'autant plus efficaces qu'une variation donnée de la demande a des effets plus que proportionnels sur le niveau d'activité.

LE MULTIPLICATEUR D'INVESTISSEMENT

Si les entreprises développent l'investissement, elles augmentent directement le revenu d'un montant équivalent à la valeur des investissements. Ce revenu supplémentaire est distribué dans l'économie, et va être en partie consommé et en partie épargné. La partie consommée va augmenter la production de biens de consommation et donc le revenu distribué d'un montant équivalent ; cette dernière distribution de revenu va, à son tour, alimenter la consommation et donc la production, et ainsi de suite. L'effet final d'une augmentation de l'investissement sur la production est donc bien plus important que l'effet initial.

Illustrons ce phénomène par un exemple numérique. Pour simplifier, nous raisonnons en économie fermée. La propension marginale à consommer est égale à 0,8 et l'investissement augmente de 100. À chaque vague d'effet, la variation initiale de Y se répartit en épargne ($\Delta S = 0{,}2\ \Delta Y$) et en consommation ($\Delta C = 0{,}8\ \Delta Y$) ; la variation de la consommation entraîne alors une variation équivalente du revenu qui vient alimenter une nouvelle vague d'effet.

À chaque vague, l'impact sur la production est de plus en plus faible parce qu'une partie du revenu supplémentaire n'est pas consommée. Dans cette analyse, l'épargne est une fuite, un revenu non dépensé.

	ΔY initiale		ΔS		ΔC		ΔY finale
1re vague :	100	→	20	et	80	→	80
2e vague :	80	→	16	et	64	→	64
3e vague :	64	→	12,8	et	51,2	→	51,2
... etc.							

■ Le calcul du multiplicateur en économie fermée

On peut mesurer l'effet total du mécanisme multiplicateur en calculant le multiplicateur d'investissement. Reprenons pour cela notre équation d'équilibre macroéconomique en économie fermée :

$$Y = C + I \qquad ...(8)$$

On remplace C par sa valeur d'après la fonction de consommation (équation 2) et l'on obtient :

$$Y = C_0 + cY + I \qquad ...(9)$$

d'où : $Y - cY = C_0 + I$

et : $Y(1 - c) = C_0 + I$,

ce qui donne : $$Y = \frac{1}{1-c}(C_0 + I) \qquad ...(10)$$

On peut en déduire qu'une variation quelconque de I (ΔI) entraîne une variation de Y (ΔY) d'après la relation suivante :

$$\Delta Y = \frac{1}{1-c} \,.\, \Delta I \qquad ...(11)$$

Le coefficient $k_f = 1/(1 - c)$ mesure le ***multiplicateur keynésien en économie fermée***. Si c = 0,8 par exemple, k_f est égal à (1/0,2), ce qui donne $k_f = 5$. Une variation de l'investissement de 100 millions entraîne une variation du PIB de 500 millions.

■ Le calcul du multiplicateur en économie ouverte

En économie ouverte, l'effet multiplicateur est plus faible. À chaque vague d'effet, une partie du revenu supplémentaire alimente la demande de ***produits étrangers*** et ne stimule pas le ***produit intérieur***.

Si l'on raisonne en économie ouverte, l'équation d'équilibre (9) devient :

$$Y = C_0 + cY + I + X - mY \qquad ...(12)$$

d'où : $Y - cY + mY = C_0 + I + X$

et : $Y(1 - c + m) = C_0 + I + X$,

ce qui donne :

$$Y = \frac{1}{(1 - c + m)} (C_0 + I + X) \qquad ...(13)$$

et le multiplicateur en économie ouverte, k_o, est donc :

$$k_o = \frac{1}{(1 - c + m)} \qquad ...(14)$$

Si, comme précédemment, c = 0,8, et si la propension marginale à importer est m = 0,2, le multiplicateur est égal à :

$$k_o = \frac{1}{(1 - c + m)} = \frac{1}{(1 - 0{,}8 + 0{,}2)} = \frac{1}{(0{,}40)} = 2{,}5.$$

Avec une propension à importer de 20 %, le multiplicateur est deux fois plus faible en économie fermée qu'en économie ouverte.

Remarque :

Il est convenu de parler de ***multiplicateur d'investissement*** parce que Keynes a surtout mis en avant le rôle moteur joué par le comportement des investisseurs. Mais, bien entendu, un effet du même type est produit par toute variation d'une autre composante de la demande autonome (consommation autonome ou exportations) ou par toute variation de la demande induite par la politique économique.

L'INTRODUCTION DU BUDGET DE L'ÉTAT

Pour faire apparaître explicitement les effets de la politique budgétaire, il suffit d'isoler les dépenses publiques (G) dans l'équation d'équilibre (12). C et I désignent donc à présent uniquement des dépenses privées. De plus, la fonction de consommation est modifiée ; C est désormais fonction du revenu disponible après déduction des impôts (T) et après adjonction des transferts versés par les administrations publiques (F) :

$$C = C_0 + c(Y - T + F) = cY - cT + cF \qquad ...(15)$$

Pour simplifier, nous prenons des impôts forfaitaires non liés au niveau du revenu.

De façon à alléger la présentation, nous raisonnons pour l'instant en économie fermée ; comme nous venons de le montrer, l'introduction des échanges réduit la valeur du multiplicateur, mais ne change rien d'essentiel dans l'analyse que nous allons mener à présent. Nous réécrivons donc la condition d'équilibre macroéconomique (12) en négligeant les échanges extérieurs mais en tenant compte de la nouvelle fonction de consommation (15) :

$$Y = C_0 + cY - cT + cF + I + G \qquad ...(16)$$

La formule du multiplicateur en économie fermée (donnée en [10]) devient alors :

$$Y = \frac{1}{(1 - c)} (C_0 - cT + cF + I + G) \qquad ...(13)$$

ou encore :

$$Y = k_f (C_0 - cT + cF + I + G) \qquad ...(18)$$

On peut alors calculer l'effet multiplicateur des dépenses publiques (G), des transferts publics (F) et des impôts (T).

LE MULTIPLICATEUR DES DÉPENSES PUBLIQUES

$$\Delta Y = k_f . \Delta G \qquad ...(19)$$

Les dépenses publiques sont un élément comme un autre de la demande autonome, et ont donc exactement le même effet multiplicateur que l'investissement ou les exportations. Les achats supplémentaires de l'État augmentent directement la production ; cette production est transformée en revenu dont une partie est consommée, et le processus multiplicateur de l'effet initial (ΔG) se trouve alors enclenché.

LE MULTIPLICATEUR DES TRANSFERTS PUBLICS

$$\Delta Y = k_f . c . \Delta F \qquad ...(20)$$

Le multiplicateur est plus faible que celui des dépenses publiques. En effet, même si $\Delta F = \Delta G$, l'effet initial est plus faible ($c\Delta F$, au lieu de ΔG, avec $c < 1$).

À la différence des dépenses publiques, les transferts n'ont pas d'effet direct sur la production ; il ne s'agit pas d'achats de biens et services, mais de distribution de revenus au profit des agents privés. 100 milliards de commandes publiques engendrent directement 100 milliards de PIB ; 100 milliards de transferts font 100 milliards de revenu et seulement 80 milliards de dépenses, si la propension à consommer est égale à 0,8. L'effet initial des transferts, à partir duquel est enclenchée la multiplication (par k_f), n'est donc que de 80 milliards.

LE MULTIPLICATEUR DES IMPÔTS

$$\Delta Y = k_f \,.\, (-c) \,.\, \Delta T \qquad \text{...(21)}$$

Les impôts agissent exactement de la même façon que les transferts (par une modification du revenu disponible), mais en sens inverse. La valeur absolue du multiplicateur est donc la même que pour les transferts, mais son signe est inversé. Ainsi, par exemple, une augmentation des impôts de 100 milliards a pour effet initial une réduction de la dépense de 80 milliards ($- c\,\Delta T$).

On peut en déduire que l'effet stimulant d'une baisse des impôts sur le PIB est inférieur à celui d'une augmentation équivalente des dépenses publiques.

LE MULTIPLICATEUR D'UN BUDGET ÉQUILIBRÉ

Que se passe-t-il si une augmentation des dépenses publiques est entièrement financée par une augmentation des impôts ? Intuitivement, on imagine que l'effet multiplicateur des dépenses publiques est contrarié par une élévation des impôts qui, en quelque sorte, reprend sur le revenu national ce qui a été injecté par la politique de dépenses. L'effet multiplicateur global d'une variation des dépenses (ΔG) accompagnée d'une variation des impôts (ΔT) doit être, en combinant (19) et (21) :

$$\Delta Y = (k_f \,.\, \Delta G) + [k_f \,.\, (-c) \,.\, \Delta T].$$

Comme, par hypothèse, $\Delta G = \Delta T$, et en remplaçant k_f par sa valeur, on peut écrire :

$$\Delta Y = \frac{1}{(1-c)}\Delta G + \frac{-c}{(1-c)}\Delta G = \frac{1-c}{(1-c)}\Delta G = \Delta G \qquad \text{...(22)}$$

Le multiplicateur du budget équilibré est égal à 1 ; l'augmentation du PIB est égale à l'augmentation des dépenses publiques. Il s'agit là d'un cas particulier du ***théorème de Haavelmo*** :

> ***Le budget de l'État n'est pas neutre; même quand les dépenses sont intégralement financées par des impôts, elles exercent un effet stimulant sur l'activité.***

Les impôts, en effet, bloquent le processus multiplicateur en retirant un revenu équivalent à celui qui a été engendré par les dépenses supplémentaires, mais ils n'éliminent pas l'effet initial de ces dépenses sur la production. Dans notre exemple, où les impôts sont forfaitaires, le multiplicateur de budget équilibré est maximum. Si les impôts augmentaient au fur et à mesure que le revenu croît, l'effet multiplicateur serait d'autant plus faible que le taux d'imposition est fort. Mais tant que le taux d'imposition n'atteint pas 100 % du revenu supplémentaire, le budget équilibré exerce un effet non nul sur la production intérieure.

LES CONDITIONS D'EFFICACITÉ DU MÉCANISME MULTIPLICATEUR

Dans le modèle élémentaire que nous venons de développer, la régulation de la demande globale par les dépenses et les recettes publiques semble un moyen efficace pour stimuler l'activité en situation de sous-emploi ou la freiner en situation d'écart inflationniste.

Le multiplicateur est d'autant plus élevé que :

– la propension marginale à consommer est forte (la propension marginale à épargner est faible) ;

– la propension marginale à importer est faible.

Dans le sens de la stimulation de la demande, le mécanisme multiplicateur suppose une situation de sous-emploi ; ***il existe des capacités de production inutilisées*** et l'offre de biens et services est parfaitement élastique. Si l'offre est rigide, en effet, le PIB réel reste inchangé et ce sont les prix qui sont multipliés.

Enfin, ***le multiplicateur est calculé*** ci-dessus, toutes choses étant égales par ailleurs, et en particulier ***pour un taux d'intérêt donné***. L'investissement, et donc à travers lui le revenu réel Y, dépend du taux d'intérêt. Si une politique de dépenses publiques stimulant l'activité est accompagnée d'une hausse des taux d'intérêt (comme nous le verrons dans la section 3 ci-dessous), l'investissement est réduit et l'effet final sur Y est plus faible que ne l'indique le calcul du multiplicateur.

LA NÉCESSITÉ D'INTÉGRER LA MONNAIE

Une des principales différences entre l'approche classique et l'approche keynésienne du marché des biens et services tient à ce qu'il n'existe plus de mécanisme automatique d'équilibre entre l'épargne et l'investissement *ex ante*. Les fluctuations du taux d'intérêt ne peuvent plus jouer ce rôle parce que l'épargne dépend du revenu et non du taux d'intérêt. Cela entraîne deux types de questions.

– En premier lieu, ***comment le taux d'intérêt d'équilibre est-il déterminé?*** Dans l'approche keynésienne, c'est l'équilibre entre l'offre et la demande de monnaie, et non l'équilibre entre l'épargne et l'investissement, qui détermine le taux d'intérêt. En fixant le taux d'intérêt, l'équilibre monétaire agit donc sur l'investissement et sur la production. Il n'y a plus dichotomie entre l'économie monétaire et l'économie réelle.

– En second lieu, ***dans quelles circonstances l'épargne peut-elle vraiment contrarier l'équilibre du marché des biens et services ?*** L'épargne pose un réel problème si elle constitue un revenu non dépensé, une vraie fuite dans le circuit qui transforme le revenu en demande de biens et services, c'est-à-dire si elle est thésaurisée. Ce problème n'existe que si les agents ont une préférence pour la détention d'encaisses liquides et oisives autres que les encaisses destinées à financer les échanges.

On le voit, la réponse aux questions posées par l'équilibre du marché des biens et services conduit à intégrer réellement la monnaie dans l'analyse et, en particulier, à développer l'analyse de la demande de monnaie.

3. L'équilibre monétaire

A. L'offre et la demande de monnaie

L'OFFRE DE MONNAIE

Sur ce point, il n'y a pas de différence entre les approches keynésienne et classique dans les modèles élémentaires. Nous reprenons donc exactement les hypothèses du chapitre 1.

L'offre de monnaie est parfaitement contrôlée par les autorités monétaires ou le gouvernement. On dit que l'offre de monnaie (Mo) est ***exogène*** :

$$\text{Mo} = \overline{\text{M}}$$

où la barre sur le M indique une quantité constante pour une politique économique donnée ; rien ne peut faire varier la quantité de monnaie hormis une décision des autorités monétaires. Les agents étant intéressés par la valeur réelle de la monnaie en circulation, nous raisonnerons toujours en termes d'offre et de demande réelles de monnaie. L'offre d'encaisses réelles est donc :

$$\frac{\text{Mo}}{\text{P}} = \frac{\overline{\text{M}}}{\text{P}} \qquad \text{...(23)}$$

LA DEMANDE DE MONNAIE DE TRANSACTION

On admet ici, comme dans l'approche néoclassique, que la demande d'encaisses réelles (Md / P) est une fonction croissante du revenu.

Il existe un décalage entre la perception et la dépense des revenus par les ménages et les entreprises ; en attendant d'effectuer leur dépenses, les agents détiennent des encaisses destinées à financer les transactions (dans la terminologie de Keynes, cette demande correspond au ***motif de revenu*** pour les ménages, et au ***motif d'entreprise*** pour les producteurs). De plus, les agents peuvent détenir des encaisses liquides pour faire face à des dépenses imprévues (***motif de précaution*** chez Keynes). Tous ces motifs de détention d'encaisses sont liés aux transactions sur les biens et services ; on les regroupe donc en une seule composante : la ***demande de monnaie de transaction***, que nous désignerons par L1. Cette demande de monnaie est d'autant plus importante que le niveau d'activité économique est élevé. On a donc :

$$L1 = L1(Y), \text{ avec } L1'(Y) > 0 \qquad \ldots(24)$$

Comme nous l'avons déjà fait pour les autres fonctions macroéconomiques, on peut adopter une formulation simple de cette fonction de demande de monnaie :

$$L1 = gY, \text{ avec } g > 0 \qquad \ldots(25)$$

où le coefficient g peut être interprété comme un indicateur de l'élasticité de la demande de monnaie par rapport au revenu. Cette dernière dépend des habitudes de paiement, de la plus ou moins grande facilité avec laquelle on peut transformer ses avoirs en monnaie liquide au moment où l'on en a besoin pour les échanges, de l'organisation du système bancaire.

Sur cette composante de la demande de monnaie, l'approche keynésienne suit donc d'assez près les analyses néoclassiques. La divergence d'analyse vient de l'introduction d'une autre fonction essentielle de la monnaie. La monnaie n'est pas seulement un intermédiaire dans les échanges, elle constitue aussi une ***réserve de valeur*** et, à ce titre, elle peut être détenue pour elle-même, indépendamment du volume des échanges de biens et services, à des fins de spéculation sur les marchés financiers.

TAUX D'INTÉRÊT ET SPÉCULATION BOURSIÈRE

Keynes ajoute à la demande de monnaie classique une seconde composante (L2) qui est indépendante du revenu mais qui dépend du taux d'intérêt.

En effet, les variations des taux d'intérêt déterminent l'évolution du cours en Bourse des titres à revenu fixe (les obligations) ; elles influencent donc directement l'incitation des agents à placer leurs encaisses monétaires ou à les conserver sous forme liquide. Si les agents anticipent une baisse des cours, ils préfèrent vendre des titres et conserver de la monnaie ; la demande de monnaie augmente. Inversement, la demande de monnaie diminue si les agents anticipent une hausse des cours et préfèrent acheter des titres. Ce motif de détention d'encaisses est appelé par Keynes la ***demande spéculative*** de monnaie.

Précisons la nature du lien entre le taux d'intérêt et le cours des obligations.

Les variations du taux d'intérêt entraînent, sur le marché financier, une variation en sens inverse du cours des obligations. Admettons, par exemple, qu'à une date quelconque, les obligations déjà émises aient une valeur nominale de 100 et rapportent chaque année un intérêt fixe égal à 10. Le taux de rendement des obligations est donc égal à 10 %. Que se passe-t-il, à présent, si les nouvelles obligations émises proposent un taux d'intérêt de 12 % ? Tous les investisseurs préfèrent vendre les obligations anciennes pour acheter les nouvelles. Il n'y a aucune raison pour que des agents rationnels acceptent de détenir des titres présentant un degré de risque identique et offrant des taux de rendement différents. Ils procèdent en permanence à des arbitrages, c'est-à-dire qu'ils vendent les titres dont les taux de rendement deviennent relativement plus faibles pour acquérir ceux dont les taux de rendement sont relativement plus élevés. L'offre accrue d'obligations anciennes en Bourse fait baisser leur cours. Cette baisse des cours augmente le taux de rendement des obligations anciennes puisqu'elles rapportent un intérêt fixe de 10, inchangé, mais rapporté à un prix d'achat plus faible. Étant donné la rationalité des investisseurs, le cours en Bourse doit baisser jusqu'à ce que le taux de rendement des obligations anciennes soit identique à celui des nouvelles. Il faut donc que :

$$\frac{10}{\text{Nouveau cours}} = \frac{12}{100} = 0{,}12$$

d'où l'on tire : $$\frac{10}{0{,}12} = \text{Nouveau cours} = 83{,}33\ldots$$

Le cours des obligations anciennes baisse jusqu'à 83,33, niveau auquel l'intérêt fixe annuel de 10 représente un taux de rendement de 12 %.

Inversement, si les taux d'intérêt diminuent, tout le monde veut acheter les obligations anciennes, dont le taux de rendement est supérieur ; leur cours en Bourse va donc augmenter, ce qui réduit leur taux de rendement ; le cours augmente jusqu'à ce que le taux de rendement des obligations anciennes soit à nouveau égal à celui des obligations nouvelles.

LA FONCTION DE DEMANDE SPÉCULATIVE DE MONNAIE

S'appuyant sur ce mécanisme boursier bien établi, Keynes estime qu'il existe une demande d'encaisses de spéculation (L2) qui varie en fonction inverse du taux d'intérêt.

Plus les taux d'intérêt sont élevés, plus les cours des obligations sont bas, plus les agents anticipent un retournement des cours à la hausse. C'est donc le moment d'acheter des titres à bas prix dans l'espoir de réaliser un gain en capital quand les taux d'intérêt se mettront à nouveau à baisser et les cours des titres à monter ; les encaisses spéculatives diminuent.

Inversement, plus les taux d'intérêt sont bas, plus les cours des obligations sont hauts, plus les agents anticipent un retournement des cours à la baisse. C'est donc le moment de vendre des titres à un cours élevé, pour éviter une perte en capital quand les taux d'intérêt se mettront à nouveau à monter et les cours des titres à baisser ; les encaisses spéculatives augmentent.

Les encaisses de spéculation (L2) sont donc une fonction inverse du taux d'intérêt :

$$L2 = L2(i), \quad \text{avec } L2'(i) < 0 \qquad \ldots(26)$$

Comme pour les autres fonctions macroéconomiques, nous utiliserons une formulation linéaire très simple de cette fonction :

$$L2 = hi, \quad \text{avec } h < 0 \qquad \ldots(27)$$

où le coefficient h peut être interprété comme un indicateur de l'élasticité de la demande de monnaie par rapport au taux d'intérêt.

Si l'on tient compte des deux composantes de la demande d'encaisses réelles chez Keynes, on obtient une fonction globale de demande de monnaie de la forme :

$$\frac{Md}{P} = L1(Y) + L2(i) = gY + hi \qquad \ldots(28)$$

B. L'équilibre du marché monétaire

LE MARCHÉ MONÉTAIRE

L'équilibre entre l'offre et la demande de monnaie peut donc s'écrire, en rapprochant les équations (23) et (28) :

$$\frac{\overline{M}}{P} = L1(Y) + L2(i) = gY + hi \qquad \ldots(29)$$

Sur la figure 10 en page suivante, nous représentons l'équilibre du marché monétaire. Nous portons le taux d'intérêt (le prix de l'argent) sur l'axe vertical, et la quantité de monnaie offerte et demandée sur l'axe horizontal.

La représentation de l'offre est particulièrement simple puisqu'elle est supposée exogène et entièrement déterminée par la banque centrale ou le gouvernement. Mo/P est donc indépendante de i et représentée par une droite verticale au niveau $\overline{M}$ / P fixé par la politique économique.

Figure 10

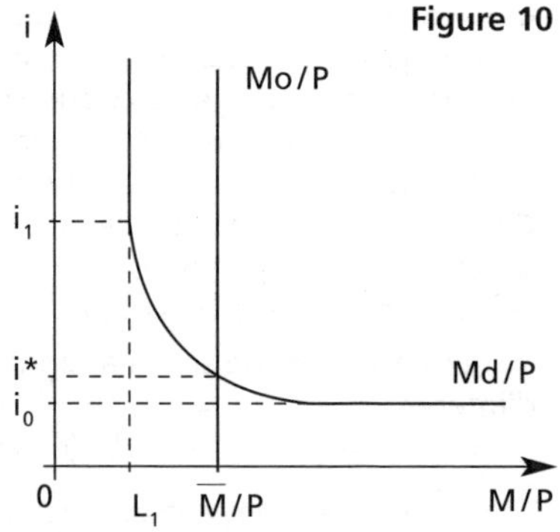

La demande comprend deux composantes : L1 et L2.

L1 ne dépend que du revenu Y, qui est déterminé par l'équilibre du marché des biens et services. Elle est donc indépendante de i, et elle est représentée par une droite verticale au niveau L1. La distance qui va de 0 à L1 mesure les encaisses de transaction détenues par les agents quel que soit le taux d'intérêt, pour un niveau de revenu (Y) donné.

Au-delà de la quantité L1 commence l'encaisse de spéculation, L2, qui est une fonction décroissante de i.

Au point L1 sur la figure 10, L2 est nulle; le taux d'intérêt atteint un niveau tellement élevé que tous les agents sont persuadés qu'il ne peut que baisser; tout le monde anticipe donc une hausse du cours des titres et échange la totalité des encaisses spéculatives contre des titres.

À l'autre extrême, Keynes fait l'hypothèse qu'il existe un taux d'intérêt plancher i_0, à partir duquel tous les agents sont convaincus que les taux ne peuvent que remonter; tout le monde anticipe alors une baisse des cours et préfère détenir des encaisses spéculatives; il existe alors une préférence absolue pour la liquidité; dans cette situation, toute augmentation de la quantité de monnaie en circulation sera absorbée par les encaisses spéculatives : personne n'est « assez fou » pour placer cette monnaie supplémentaire alors qu'il paraît certain que les cours des titres ne peuvent plus que baisser; c'est pourquoi Keynes dénomme cette situation extrême « ***trappe à liquidité*** ».

Le taux d'intérêt effectif est déterminé par le point de rencontre entre l'offre et la demande (i*).

L'INTERACTION ENTRE SECTEUR RÉEL ET SECTEUR MONÉTAIRE

Si i est fixé sur le marché monétaire, il n'y a pas, comme dans l'approche classique, dichotomie entre l'analyse des phénomènes réels et celle des phénomènes monétaires. En effet, les variations du taux d'intérêt engendrées sur le marché monétaire entraînent des variations de l'investissement et donc, à travers l'effet multiplicateur, des fluctuations du produit intérieur qui, à leur tour, modifient l'emploi.

Inversement, les fluctuations du marché des biens et services ont une incidence directe sur le marché monétaire. Par exemple, une élévation du niveau d'activité (Y) entraîne une augmentation de la demande de monnaie de transaction, parce que le volume des échanges se développe ; pour une offre de monnaie inchangée, cette pression nouvelle de la demande de monnaie fait monter le taux d'intérêt. Sur la figure 10, la courbe de demande est construite pour un niveau donné de Y ; toute augmentation de Y déplace la courbe vers la droite : quel que soit i, la demande d'encaisse est plus forte ; si Mo reste inchangé, le taux d'intérêt d'équilibre i* est nécessairement plus élevé.

On peut ainsi comprendre pourquoi l'efficacité du multiplicateur keynésien dépend du taux d'intérêt. Lorsqu'une politique de stimulation de l'activité par les dépenses publiques est mise en œuvre, nous avons mesuré plus haut un effet multiplicateur – équation [19] – qui ne tenait compte que des effets sur le marché des biens et services. Mais, au fur et à mesure que l'effet multiplicateur agit sur le PIB, la demande de monnaie pour financer les transactions augmente ; il s'ensuit une hausse de i sur le marché monétaire, ce qui freine l'investissement et contrarie l'effet favorable des dépenses publiques sur le PIB. L'effet final de la politique économique dépend donc du degré de réaction du taux d'intérêt et de la sensibilité de l'investissement au taux d'intérêt.

On le voit, l'approche keynésienne suppose un examen simultané de l'équilibre sur le marché des biens et de l'équilibre sur le marché monétaire. C'est la raison pour laquelle Hicks a pu développer, à partir de la théorie de Keynes, un modèle décrivant simultanément l'équilibre réel et l'équilibre monétaire. Il s'agit du modèle IS-LM, que nous développerons au chapitre suivant, après avoir examiné l'équilibre du marché du travail.

4. L'équilibre du marché du travail

A. Le fonctionnement du marché du travail

L'OFFRE DE TRAVAIL DÉPEND DU SALAIRE NOMINAL

Keynes ne conteste pas l'analyse classique de la demande de travail. La demande de travail est une fonction décroissante du salaire réel, et, à l'équilibre, le salaire réel doit être égal à la productivité marginale physique du travail.

La différence d'approche tient au traitement de l'offre de travail. Pour Keynes, l'offre n'est pas une fonction croissante du salaire réel. En effet, dans l'économie réelle, les contrats de travail ne fixent pas le pouvoir d'achat des travailleurs mais le ***salaire nominal***. Concrètement donc, les individus présents sur le marché ont à déterminer leur comportement par rapport aux salaires nominaux qui sont les seuls effectivement offerts et négociés dans les entreprises.

Contrairement à ce qu'indique une critique fréquente de la théorie keynésienne, cette analyse ne suppose pas de la part des salariés une ***illusion monétaire*** qui les rendrait indifférents au pouvoir d'achat des salaires. Elle s'appuie simplement sur le constat que, dans le court terme, la seule information dont disposent les travailleurs porte sur le salaire nominal. ***À un instant donné***, une hausse du salaire nominal ***peut être interprétée comme*** une hausse du pouvoir d'achat parce que les individus ne peuvent pas, à cet instant, calculer l'indice des prix pour mesurer précisément l'évolution du salaire réel. Percevoir correctement l'évolution précise du pouvoir d'achat prend du temps, et, à court terme, les individus n'ont pas d'autre indicateur pertinent du salaire que le salaire monétaire effectivement négocié avec l'employeur.

Keynes ajoute un argument en notant que les individus évaluent leur salaire en le comparant à ce qu'ils pensent être la rémunération actuellement offerte aux travailleurs employés et ayant des qualifications et une expérience comparable. Ce ***salaire relatif*** ne peut bien entendu être apprécié qu'en termes nominaux car la seule information disponible porte sur le salaire nominal des autres travailleurs et non sur leur pouvoir d'achat. Dans ce contexte, imaginons un salarié auquel un employeur propose une baisse de salaire en tirant argument d'une réduction de la demande et de la productivité ; pour l'employé, il est parfaitement rationnel de s'opposer à cette baisse tant qu'il n'a pas de raison de penser que les autres travailleurs exerçant des travaux comparables dans l'économie subissent la même baisse de salaire.

LE SALAIRE NOMINAL EST RIGIDE À COURT TERME

Le salaire nominal reflète ***à un moment donné,*** dans la société, un équilibre contractuel qui détermine la juste rémunération de chaque niveau de qualification. Cet ensemble de ***justes rémunérations*** est le résultat du rapport de forces entre employeurs et employés dans la négociation salariale, et définit ***la règle du jeu*** qui est acceptée à un moment donné. Tant que les individus ne sont pas convaincus que l'évolution de l'économie rend absolument nécessaire une remise en cause de la règle du jeu, ils résisteront aux baisses de salaires. Compte tenu du temps qui est nécessaire pour percevoir et interpréter l'évolution de l'économie et pour s'assurer qu'il ne s'agit pas de phénomènes accidentels et transitoires, il est raisonnable de penser que le salaire pour lequel les travailleurs offrent leur travail est, à un moment donné, ***exogène par rapport à la conjoncture et au niveau de l'emploi***. Les salariés accepteront d'offrir plus ou moins de travail pour un même salaire nominal correspondant au salaire considéré comme normal; il sera impossible d'obtenir de la main-d'œuvre pour un salaire inférieur; en revanche, il sera possible d'obtenir plus de main-d'œuvre sans relever le salaire, sauf dans le cas où la demande de travail des entreprises augmenterait dans des proportions considérables et où la pénurie de main-d'œuvre les contraindrait à élever les salaires.

L'ÉQUILIBRE DE SOUS-EMPLOI

Sur la figure 11, nous représentons graphiquement les hypothèses qui précèdent.

La demande de travail Ld est une fonction décroissante du salaire réel.

Pour un salaire nominal w_1 donné, l'offre Lo est rigide; elle ne devient croissante qu'à partir d'un niveau très élevé de l'emploi.

Figure 11

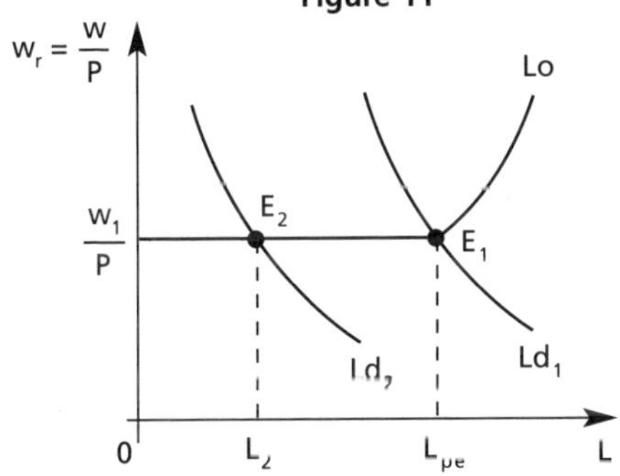

Remarque :

Sur la figure, l'offre est associée au salaire réel w_1/P, mais ce dernier n'est que le ***salaire réel implicite*** associé à w_1 compte tenu du niveau général des prix P. Cette présentation est nécessaire pour associer sur le même graphique la demande et l'offre, mais le comportement des offreurs n'est déterminé que par les mouvements de w.

Admettons que l'économie soit au plein-emploi : le point d'équilibre E_1 est tel que l'emploi qui en résulte correspond au plein-emploi du travail L_{pe}. Partant de cette situation, une réduction de la demande de biens et services intervient; elle entraîne un recul de la demande de travail de Ld_1 en Ld_2. Sur le marché du travail, le nouveau point d'équilibre E_2 implique l'apparition d'un chômage involontaire égal à $L_{pe} - L_2$. En effet, pour un salaire nominal w_1 inchangé, les travailleurs qui étaient employés en situation de plein-emploi sont toujours disposés à travailler mais ne trouvent plus d'emploi. Leur chômage ne s'explique pas par l'exigence d'un salaire supérieur au salaire d'équilibre ; ils demandent un emploi au salaire d'équilibre actuellement payé dans les entreprises. Ce chômage vient donc uniquement d'une insuffisance de la demande sur les marchés de biens et services. En l'absence de mécanismes automatiques susceptibles de faire remonter la demande de biens et, à sa suite, la demande de travail, le marché du travail peut rester durablement en E_2 ; il s'agit bien d'un équilibre, mais d'un équilibre de sous-emploi.

Si l'analyse keynésienne du chômage s'arrêtait là, elle ne serait guère différente de l'analyse néoclassique. Finalement, en effet, le chômage semble résulter d'une certaine rigidité des salaires. La divergence pourrait ne porter que sur l'interprétation de cette rigidité : blocage institutionnel condamnable dans l'optique classique, résultat des comportements rationnels et du libre fonctionnement du marché du travail dans l'optique keynésienne. Mais la spécificité de l'approche keynésienne est plus profonde : non seulement la baisse des salaires paraît peu probable mais, en outre, elle n'est pas souhaitable. L'originalité de Keynes ne tient pas ici dans l'hypothèse de rigidité des salaires mais dans l'assurance que, si elle se produisait malgré tout, la baisse des salaires nominaux ne permettrait pas de rétablir le plein-emploi.

LA BAISSE DES SALAIRES NOMINAUX NE RÉDUIT PAS LE CHÔMAGE

Selon Keynes, le remède classique au chômage (la baisse des salaires) néglige la double nature du salaire : coût de production pour l'entreprise mais revenu pour les travailleurs. La baisse des salaires, en réduisant le coût du travail par rapport à celui du capital, exerce bien un effet stimulant sur la demande de travail (effet de substitution). Mais elle réduit aussi le revenu distribué aux ménages et déclenche un effet multiplicateur à la baisse sur la demande globale, limitant ainsi encore plus les débouchés des producteurs ; il s'ensuit un nouveau recul de la demande de travail, qui rend nécessaire une nouvelle baisse des salaires, et ainsi de suite. Une politique de baisse des salaires risque donc, à court terme, d'éloigner de l'équilibre au lieu d'en rapprocher et de déclencher un processus cumulatif de récession.

Keynes, pour sa part, ne conteste pas la nécessité, pour les employeurs, d'égaliser le salaire réel et la productivité marginale. Il convient donc qu'***une baisse des salaires réels est nécessaire*** pour augmenter l'emploi et réduire le chômage. Il suggère simplement que la baisse des salaires nominaux n'est pas la bonne façon de réduire le coût réel du travail. Selon lui, il convient de réduire les salaires réels en élevant les prix. Or c'est précisément ce qui devrait se produire si la demande globale augmente alors qu'il existe un chômage involontaire. En effet, en raison de la loi des rendements décroissants, l'augmentation de la production ne peut se faire qu'à coûts croissants, et donc à prix croissants. La pression de la demande devrait faire monter les prix, abaisser le salaire réel sans toucher au salaire nominal et inciter les employeurs à développer l'emploi.

LA THÉORIE DU SALAIRE D'EFFICIENCE

La théorie du salaire d'efficience, (cf. supra chap. 1), vient renforcer l'idée selon laquelle la baisse des salaires ne rétablit pas l'équilibre selon le processus supposé par l'analyse néoclassique initiale.

Cette théorie s'appuie sur l'hypothèse suivante : ***la productivité du travail peut être une fonction croissante du salaire***.

On peut supposer que la motivation des individus est un élément important de leur productivité réelle. La productivité ne dépend pas que du ***temps*** de travail mais également de l'***effort*** réellement consenti par les travailleurs. L'effort n'étant pas défini dans les contrats de travail et étant beaucoup plus difficile à mesurer et à contrôler que le temps de travail, il est largement conditionné par ***la volonté des travailleurs*** et donc par ***leur motivation***. On peut par ailleurs supposer que la motivation des employés est en partie fonction de leur rémunération et du sentiment qu'ils ont d'être traités ***justement*** par leur employeur. Être traité justement peut signifier notamment : être payé aussi bien que d'autres travailleurs ayant des qualifications et une expérience équivalentes; voir sa rémunération progresser régulièrement avec l'ancienneté dans l'entreprise; ne pas voir ses conditions de travail systématiquement et brusquement remises en cause quand l'employeur prétend connaître des difficultés, etc.

Pour toutes ces raisons, il est probable qu'une élévation des rémunérations améliore la motivation et donc la productivité des travailleurs; inversement, une réduction des salaires altère leur motivation et leur productivité. En outre, la relation risque de jouer plus fortement à la baisse qu'à la hausse si les individus considèrent les hausses comme la juste récompense de leur efficacité et les baisses comme une remise en cause unilatérale des règles du jeu acceptées par l'employeur dans le contrat de travail.

Dans ces conditions, en période de sous-emploi, la baisse des salaires proposée par l'analyse néoclassique sera insuffisante pour rétablir l'équilibre : chaque réduction de salaire détériore la productivité du travail et déplace le point d'équilibre vers le bas. Peut-être ce processus converge-t-il finalement vers un nouvel équilibre, mais avec une baisse des salaires et donc des revenus distribués aux travailleurs beaucoup plus importante que celle supposée nécessaire et suffisante par l'analyse néoclassique. Dans ces conditions, il est de plus en plus probable que l'effet revenu négatif mis en évidence par Keynes l'emporte sur l'effet de substitution favorable à l'emploi mis en avant par les néoclassiques.

B. Les fondements microéconomiques de la rigidité des salaires

L'approche keynésienne, en raison de la place importante qu'elle réserve à l'hypothèse de rigidité des prix et des salaires, a suscité de nombreux travaux pour mieux expliquer les raisons pour lesquelles ces rigidités pouvaient apparaître. En effet, l'explication des rigidités par des phénomènes institutionnels est doublement insuffisante. D'une part, les institutions ne sont pas exogènes et l'analyse économique se doit d'expliquer aussi pourquoi des institutions qui rigidifient les salaires (SMIC, conventions collectives, etc.) apparaissent et se développent plus ou moins dans telle ou telle économie. D'autre part, si le phénomène de la rigidité des salaires n'est pas le résultat logique de l'analyse économique traditionnelle, on ne peut exclure *a priori* une insuffisance de cette analyse économique qui demande à être complétée. La première voie de recherche (l'analyse économique des institutions) sort très largement du cadre de cet ouvrage et, si elle constitue actuellement l'un des pôles de développement majeurs de la théorie économique, elle n'a pas encore débouché sur des résultats simples et largement admis, susceptibles d'entrer dans un manuel d'initiation. En revanche, la seconde voie de recherche a permis d'établir un certain nombre de fondements microéconomiques solides à une évolution des salaires sensiblement différente de celle prévue par la microéconomie néoclassique. Nous examinerons donc les trois pistes de recherche essentielles en ce domaine.

LA THÉORIE DU CAPITAL HUMAIN

Cette théorie remet en cause l'hypothèse néoclassique d'homogénéité du facteur travail (cf. chapitre 1). Pour l'employeur, le travail est rendu hétérogène par les qualifications, l'expérience, l'effort, la qualité des relations, l'honnêteté, en un mot l'ensemble des caractéristiques propres à chaque individu. Deux travailleurs occupés à un poste identique ne sont donc pas équivalents pour l'employeur. Par ailleurs, la productivité des salariés est en partie spécifique à l'entreprise, et résulte d'une accoutumance à des équipements, des méthodes de production, des équipes de travail, une clientèle, etc., qui lui sont propres ; en conséquence, la productivité des individus est plus forte dans leur entreprise que dans une autre, même pour un poste équivalent. La prise en compte de ces nouvelles hypothèses conduit à montrer que, contrairement à la conclusion classique, le salaire d'équilibre devrait, le plus souvent, s'éloigner de la productivité marginale.

En effet, les salariés récemment embauchés n'ont pas encore acquis les qualifications spécifiques à l'entreprise, et leur productivité initiale est généralement très faible ; cependant, pour attirer et retenir les meilleurs candidats, l'entreprise est obligée de leur payer le salaire d'équilibre sur le marché, et celui-ci est probablement supérieur à leur productivité marginale. L'entreprise investit donc dans la formation de ses travailleurs. En revanche, plus les travailleurs ont acquis d'expérience dans l'entreprise, plus leur productivité marginale spécifique à l'entreprise augmente et devient nettement supérieure à leur productivité sur le marché (dans les autres entreprises) ; mais l'employeur peut continuer de leur verser un salaire équivalent à leur productivité sur le marché (ce qu'ils obtiendraient en quittant l'entreprise). Dans cette seconde phase, le salaire réel devient inférieur à la productivité marginale dans l'entreprise ; celle-ci récupère le rendement de son investissement en capital humain.

Dans ce contexte, un ralentissement inattendu de la demande à la firme n'incite pas cette dernière à réduire les salaires des travailleurs expérimentés tant que la productivité marginale reste supérieure au salaire réel. Si la récession est assez grave pour abaisser la productivité en deçà des salaires, l'entreprise ne réagit pas tant que le coût subi reste inférieur au rendement futur de son investissement en capital humain. Tant qu'elle s'attend à une reprise de l'activité, elle peut préférer payer un « sur-salaire » pour conserver les travailleurs expérimentés. La remise en cause des salaires n'intervient que si la récession a suffisamment duré pour convaincre l'employeur qu'il est confronté à une réduction permanente de son activité. Les salaires finissent peut-être par s'ajuster à la baisse, mais seulement dans le long terme.

LA THÉORIE DES CONTRATS IMPLICITES

Les entreprises peuvent aussi stabiliser le contrat de travail si les salariés, en échange d'une plus grande sécurité, sont disposés à accepter un salaire moyen inférieur. C'est l'hypothèse de la théorie des contrats implicites. Les individus se protègent plus difficilement que les entreprises contre les risques économiques parce qu'ils ont moins la possibilité de diversifier leurs activités. Il y a là une opportunité d'échange : les employeurs peuvent offrir un service d'assurance en offrant une rémunération relativement indépendante de la conjoncture ; en contrepartie, les travailleurs acceptent un salaire moyen inférieur à celui qu'ils exigeraient d'une entreprise qui ajuste systématiquement les salaires en fonction de la productivité. En période de forte activité, la productivité marginale augmente plus vite que les salaires : les travailleurs payent, en quelque sorte, leur prime d'assurance. En période de faible activité, la productivité marginale diminue et passe en dessous du salaire qui n'est pas remis en cause : les salariés touchent leur indemnité d'assurance.

Ce contrat d'assurance est ***implicite***, en ce sens qu'il n'est pas écrit dans les contrats de travail. Mais la préoccupation des entreprises et des individus quant à leur réputation sur le marché du travail suffit à rendre cet engagement implicite contraignant : la possibilité de conclure à l'avenir des contrats avantageux dépend de la fiabilité dont ils ont fait preuve dans l'exécution de leurs contrats passés. Là encore, la rupture de ce type de contrat n'est envisageable qu'à long terme, par exemple face à une réduction définitive de l'activité qui conduit l'employeur à penser qu'il ne pourra jamais récupérer les « primes » futures compensant les indemnités qu'il doit verser durant la récession.

IMPERFECTION DE L'INFORMATION ET COÛTS D'AJUSTEMENT

L'hypothèse classique de flexibilité parfaite des salaires comprend de façon implicite deux autres hypothèses contestables :

– les ajustements de salaires n'engendrent aucun coût ;

– il existe un mécanisme de circulation de l'information qui permet de déterminer le nouveau salaire d'équilibre, à la suite d'un choc quelconque.

Les changements de salaires entraînent assurément des coûts supplémentaires pour l'employeur : coûts de gestion du personnel, coûts de négociation avec les travailleurs ou leurs représentants (qui peuvent inclure le coût des grèves éventuelles), pertes en capital humain quand les réductions de salaires entraînent des démissions, etc.

Par ailleurs, l'employeur ne sait pas à quel niveau précis se situe le nouveau prix d'équilibre. Sur la figure 12, nous reprenons l'analyse classique d'une réduction de la demande de travail de Ld_1 en Ld_2. Le salaire réel devrait passer de wr_1 à wr_2. Mais comment les entreprises peuvent-elles connaître wr_2 ? Les employeurs se doutent bien qu'en réduisant wr ils vont réduire aussi l'offre de travail, mais ils ignorent dans quelles proportions précises.

Figure 12

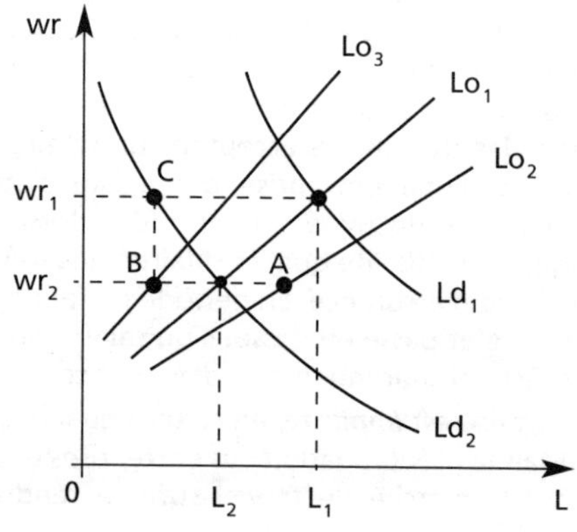

L'approche classique contourne le problème en supposant que les employeurs n'ont, en fait, pas de décision à prendre : c'est l'équilibre entre l'offre et la demande sur le marché qui décide et donne l'information aux entreprises. Mais cela suppose l'***existence concrète*** d'un marché du travail, c'est-à-dire d'une ***Bourse*** où seraient confrontées en permanence toutes les offres et toutes les demandes, et où pourrait être fixé, au jour le jour, un nouveau prix d'équilibre pour chaque type de travail et chaque niveau de qualification. Dans l'économie réelle, ce marché parfait n'existe pas ; les employeurs doivent fixer les salaires et adapter leur politique de salaires, dans le temps, au fur et à mesure qu'ils disposent d'informations sur l'évolution des rémunérations dans le reste de l'économie. La circulation de l'information est lente et à court terme, l'employeur ***ne sait pas*** quel est le nouveau salaire d'équilibre.

Il n'est même pas certain que l'entreprise connaisse précisément l'ampleur de la réduction de sa propre demande de travail. Celle-ci dépend en effet de facteurs nécessairement incertains à court terme : la récession est-elle temporaire ou durable ? Touche-t-elle également tous les concurrents ? Comment ces derniers vont-ils réagir ? De plus, l'entreprise connaît de façon imprécise la forme de l'offre de travail à laquelle elle est confrontée. Avant d'entamer un processus de négociation coûteux, l'employeur ignore les réactions précises de chaque salarié à une baisse des salaires. Il risque donc de décider une baisse des salaires inadaptée.

Sur la figure 12, admettons que l'employeur imagine une offre de travail Lo_1 ; après la réduction de la demande, il fixe donc un salaire wr_2 dans l'espoir d'obtenir la quantité de travail L_2 qui maximise son profit à ce taux de salaire. Si l'offre véritable est Lo_2, le nouveau salaire est trop élevé, l'offre de travail et donc l'emploi resteront trop importants (au point A) ; il faudra négocier une nouvelle baisse des salaires, sans indication sur l'ampleur de la baisse nécessaire. Si l'offre véritable est Lo_3, le nouveau salaire est trop faible ; des démissions imprévues laissent l'entreprise avec un volume de travail inférieur à l'optimum (au point B), et elle devra réembaucher en élevant les salaires. Un tel tâtonnement concret autour du prix d'équilibre impliquerait des coûts de gestion et de désorganisation de la production considérables. L'entreprise peut préférer le seul résultat certain à court terme : ajuster l'emploi en laissant le salaire inchangé (point C sur la figure 12). Ce choix est un optimum de second rang par rapport au point d'équilibre néoclassique, mais c'est le seul accessible à court terme ; il permet à l'entreprise de prévoir exactement quel sera l'emploi disponible et le coût global du travail après l'ajustement. En outre, dans un contexte d'investissement en capital humain qui rend l'employeur attentif à l'identité des travailleurs qui restent dans l'entreprise, cette méthode d'ajustement permet de choisir les individus qui quittent l'entreprise.

Les trois pistes de recherche que nous venons de présenter apportent ainsi un fondement microéconomique à l'hypothèse de rigidité des salaires, du moins à court terme. La rigidité des salaires n'apparaît pas comme la conséquence de blocages institutionnels qui gêneraient le fonctionnement optimal du marché du travail. Elle est le résultat du calcul rationnel des employeurs et correspond au fonctionnement normal d'un marché du travail « réel » que l'on ne peut assimiler à une Bourse où l'information circulerait à une vitesse infinie.

Ces trois approches concluent également à une flexibilité plus forte à long terme qu'à court terme. Les contrats qui lient les agents sont adaptés à un état donné de l'environnement. Quand l'environnement est modifié, les contrats ne peuvent être révisés qu'au terme d'un processus plus ou moins long d'acquisition et de circulation de l'information. Les agents ont besoin de temps pour mesurer l'ampleur des phénomènes et leur durabilité et pour partager à peu près les mêmes informations avant de renégocier les règles du jeu.

5. Résumé de l'approche keynésienne

L'ENCHAÎNEMENT DES ÉQUILIBRES

Dans un contexte d'incertitude sur la réalisation effective de leurs plans, les agents déterminent leurs comportements en fonction d'anticipations sur les demandes auxquelles ils seront confrontés (demande de biens pour les producteurs ; demande de travail pour les ménages). Dès lors, la logique néoclassique est inversée : ce n'est plus l'offre de facteurs qui détermine le produit national, mais la demande de produits qui détermine la production et donc la demande de facteurs et l'emploi. On part donc de l'équilibre sur le marché des biens et services, où le niveau de la demande globale effective confrontée à l'offre globale détermine le produit intérieur.

Mais l'équilibre du marché des biens n'est pas indépendant de l'équilibre monétaire. En effet, une partie importante de la demande globale, l'investissement, dépend du taux d'intérêt. Or le taux d'intérêt n'est pas déterminé, comme au chapitre précédent, par l'équilibre entre l'épargne et l'investissement, mais sur le marché monétaire, par l'équilibre entre l'offre et la demande de monnaie. Autrement dit, le seul examen du marché des biens et services ne suffit pas à déterminer complètement le PIB (Y).

Une fois déterminés simultanément le revenu (Y) et le taux d'intérêt (i), il reste à savoir si le produit intérieur assure le plein-emploi des facteurs, et en particulier du facteur travail. La demande de travail est induite par le niveau du PIB. Ce dernier n'a en rien été fixé en fonction du travail disponible : il a été déterminé en fonction de la demande effective ; il n'y a donc aucune raison *a priori* pour que le PIB assure le plein-emploi *ex ante*. De plus, cet équilibre de sous-emploi peut être durable. En effet, sur le marché du travail, comme sur les marchés de produits, ce sont les quantités qui s'ajustent à court terme et non les prix : les salaires sont rigides. Même si les salaires étaient flexibles comme dans l'approche néoclassique, cela ne garantirait pas le retour au plein-emploi. L'économie peut donc rester en situation de sous-emploi sans qu'aucun mécanisme automatique ne se mette en œuvre pour corriger ce déséquilibre.

POLITIQUE ÉCONOMIQUE

Dans ce contexte, la politique macroéconomique est nécessaire.

En l'absence de mécanismes correcteurs automatiques, seule une intervention de l'État peut lutter contre le sous-emploi. Le diagnostic étant celui d'une insuffisance de la demande globale, le remède consiste en interventions qui stimulent la demande. Le budget de l'État constitue alors un outil particulièrement important. En effet, les dépenses publiques sont un élément de la demande globale. Celle-ci est donc directement influencée par les choix de l'État. La manipulation des dépenses et recettes publiques est d'autant plus efficace qu'elle a un effet multiplicateur : l'effet final sur le PIB est un multiple de l'impact initial sur la demande. Les pouvoirs publics peuvent également intervenir par la politique monétaire, puisque l'investissement dépend du taux d'intérêt et que ce dernier dépend directement de l'offre de monnaie décidée par la politique économique. L'examen des effets combinés des politiques keynésiennes sera développé au chapitre suivant dans le cadre du modèle IS-LM.

MÉTHODOLOGIE

Les principales caractéristiques méthodologiques de l'approche développée dans ce chapitre sont les suivantes :

– ***L'imperfection de l'information et la rigidité des prix.*** Le postulat essentiel de l'approche keynésienne, celui qui renverse la logique d'analyse par rapport à l'approche néoclassique, porte sur le rôle de l'information. Les marchés ne sont pas perçus comme un lieu de traitement infiniment efficace de l'information délivrant instantanément les signaux pertinents (à travers les prix) qui permettent aux agents d'atteindre les solutions d'équilibre optimales en permanence. Dans l'économie réelle, l'information circule imparfaitement sur des marchés qui ne peuvent être organisés comme des Bourses. La parfaite flexibilité des prix n'existe pas sur la plupart des marchés non financiers. Les prix s'ajustent donc approximativement et avec retard aux transformations de l'environnement. Les prix sont rigides à court terme. Les quantités s'ajustent plus vite que les prix. Même quand les prix sont flexibles, ils délivrent aux agents des informations complexes, qui demandent du temps pour être déchiffrées, qui peuvent susciter des interprétations divergentes selon les agents, et qui ne conduisent pas nécessairement à l'équilibre optimum.

– ***L'analyse est dynamique.*** Sur le plan formel, le modèle keynésien élémentaire reste un modèle de « statique comparative » : on compare les différents états d'équilibre de l'économie. Mais la ***problématique*** keynésienne est fondamentalement dynamique. En effet, l'équilibre économique n'étant jamais garanti *a priori* quand un marché quelconque subit un choc, le cœur même de l'analyse est constitué par l'examen des processus concrets de cheminement du point d'équilibre initial vers un nouvel équilibre. Le débat sur les mécanismes d'ajustement (prix ou quantités), qui n'a pas de sens dans un contexte néoclassique d'ajustement instantané des marchés, est au contraire essentiel dans l'approche keynésienne.

– ***L'analyse se situe dans le court terme.*** L'approche keynésienne suppose que ***le long terme néoclassique*** (la période suffisamment longue pour que tous les ajustements nécessaires à l'équilibre des marchés aient eu le temps de s'opérer) ***est vraiment long***. S'il faut attendre des années pour que les marchés tendent vers les équilibres prévus par l'analyse néoclassique, les préoccupations réelles des agents se situent, elles, dans le court terme. En outre, l'environnement d'un marché qui est en train de ***tendre vers*** une solution de long terme change continuellement, si bien que la solution de long terme change aussi en permanence : dans le monde réel, les marchés sont donc probablement en permanence en situation de déséquilibre de court terme. Le court terme paraît donc un horizon pertinent pour l'analyse et la politique économique.

À travers ces différentes caractéristiques méthodologiques, on perçoit que l'approche keynésienne réintroduit des dimensions essentielles de l'analyse économique : l'***information***, les ***anticipations***, le ***temps***, l'***incertitude***. Il n'est pas beaucoup de développements (keynésiens ou non) de la macroéconomie moderne qui ne soient issus d'une meilleure prise en compte de ces dimensions.

3

Le modèle IS-LM

Les politiques macroéconomiques en économie fermée

Le modèle IS-LM a été proposé par John Hicks en 1937, comme une interprétation de la théorie générale de Keynes. Il se présente sous la forme de deux courbes, dont l'une représente l'équilibre sur le marché des biens et services (IS), et l'autre, l'équilibre sur le marché monétaire (LM) ; il permet ainsi de déterminer simultanément l'équilibre sur ces deux marchés. Son intérêt majeur est donc de montrer l'***interaction entre le secteur réel et le secteur financier***. Le modèle IS-LM constitue en outre un ***outil d'analyse des effets des politiques conjoncturelles***. En effet, la politique budgétaire déplace la courbe IS tandis que la politique monétaire déplace la courbe LM. Les mouvements combinés des deux courbes permettent ainsi de prévoir les effets théoriques de différentes combinaisons de politiques économiques.

Susceptible d'une interprétation keynésienne ou néoclassique, le modèle est souvent présenté comme une synthèse. Les keynésiens radicaux ou puristes contestent vivement cette synthèse, qui tend à faire du modèle keynésien un cas particulier de l'orthodoxie néoclassique en gommant les aspects les plus novateurs de Keynes (incertitude, anticipation, etc).

La première approche des politiques conjoncturelles présentée dans ce chapitre est doublement simplifiée quant aux objectifs et quant aux contraintes de la politique économique. En ce qui concerne les objectifs, nous supposons implicitement que les pouvoirs publics cherchent uniquement le plein-emploi. Nous ne tenons pas compte de l'existence possible d'autres objectifs et d'éventuelles contradictions entre eux.

Du côté des contraintes, nous négligeons la contrainte extérieure. En effet, pour respecter une certaine progression pédagogique, ce chapitre n'aborde que le modèle en économie fermée. Pour tenir compte de l'ouverture extérieure des économies modernes, il nous faudra ajouter au modèle une troisième courbe représentant l'équilibre de la balance des paiements. Ces deux simplifications seront levées dans les chapitres suivants.

1. La construction du modèle

A. La courbe IS

La courbe IS représente l'ensemble des combinaisons de taux d'intérêt (i) et de revenu (Y) qui assurent l'équilibre du marché des biens et services.

CONSTRUCTION LOGIQUE DE LA COURBE

Comme nous l'avons montré au chapitre 2, l'équilibre sur le marché des biens et services est décrit par la relation :

$$Y = C + I \qquad \ldots(1)$$

qui est équivalente à : $I(i) = S(Y)$ ...(2)

L'équilibre sur le marché des biens et services suppose l'équilibre entre l'épargne (S) et l'investissement (I), d'où le nom de la courbe qui le représente (IS). L'équation (2) indique clairement qu'à l'équilibre il existe une relation entre i (dont dépend l'investissement) et Y (qui détermine l'épargne).

Y est déterminé par l'équilibre entre l'offre et la demande de biens et services, et i est fixé sur le marché monétaire. Sur le marché des biens et services, Y est donc une variable endogène (expliquée sur ce marché) et i est une variable exogène (explicative). Pour déterminer la relation entre i et Y, sur ce marché, on doit donc se demander comment évolue Y (la variable expliquée) quand i (la variable explicative) varie. Si le taux d'intérêt augmente, l'investissement, qui est une fonction décroissante de i, diminue.

La chute de l'investissement entraîne une réduction du produit intérieur (Y). Inversement, une baisse du taux d'intérêt stimule l'investissement, ce qui développe la production (Y).

Figure 13

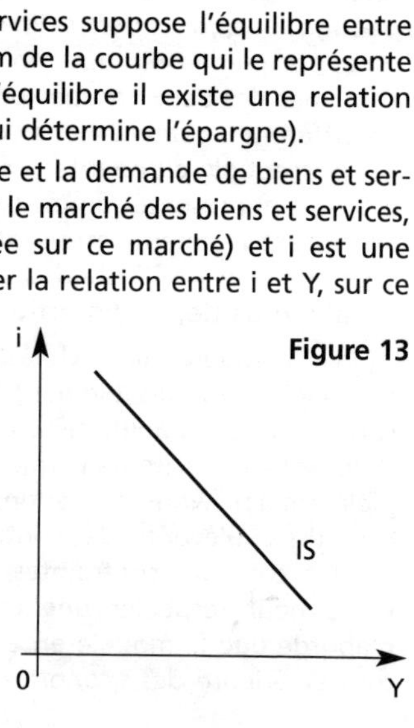

À l'équilibre sur le marché des biens et services, il existe donc une relation inverse entre i et Y : la courbe IS est décroissante.

Nous la représentons sur la figure 13 où nous portons i en ordonnées et Y en abscisses. Pour simplifier, nous supposons une relation linéaire et représentons IS par une droite.

DÉMONSTRATION MATHÉMATIQUE DE LA RELATION DÉCROISSANTE

Soulignons d'emblée que le raisonnement économique présenté ci-dessus (comme celui qui sera proposé pour LM) est nécessaire et suffisant à la compréhension du modèle. La présentation mathématique qui suit ne sert qu'à vérifier le raisonnement. Au stade où nous en sommes, elle n'est pas nécessaire à la compréhension et à l'utilisation du modèle. Contrairement à l'illusion fréquente des étudiants, la présentation mathématique qui suit n'est en aucune façon une ***explication*** du modèle IS-LM ; elle n'en est que la ***vérification*** et ne saurait remplacer le raisonnement économique exprimé ci-dessus en termes purement littéraires.

Mathématiquement, la relation entre i et Y est nécessairement décroissante. En effet, quand i augmente, I (i) diminue. L'équilibre n'est possible que si S (Y) diminue à son tour. Comme S est une fonction croissante de Y, S diminue si, et seulement si, Y diminue. La hausse de i suppose donc une baisse de Y, pour que I (i) reste égal à S (Y).

Reprenons la formulation linéaire des fonctions d'investissement et de consommation, présentée au chapitre 2. Dans ce cas, l'équilibre sur le marché des biens s'écrit :

$$Y = C_0 + cY + bi + G \qquad ...(3)$$

On peut exprimer i en fonction de Y, comme dans la représentation graphique de IS :

$$bi = Y - cY - C_0 - G = (1 - c)Y - DA = sY - DA$$

où DA = demande autonome = $C_0 + G$.

On a donc : $$i = \frac{s}{b}Y - \frac{DA}{b} \qquad ...(4)$$

Il s'agit bien d'une fonction linéaire (de la forme $y = ax + b$) dont la pente est (s/b) et l'ordonnée à l'origine (DA/b). On peut démontrer facilement que cette fonction est décroissante (que la pente est négative). En effet, la dérivée de i par rapport à Y est :

$$\frac{di}{dY} = \frac{s}{b}.$$

Or s, la propension marginale à épargner, est toujours positive ; le coefficient b qui mesure la sensibilité de l'investissement au taux d'intérêt est toujours négatif ; donc la pente de la droite IS (s/b) est toujours négative ; i varie toujours en sens inverse de Y.

INTERPRÉTATION DE LA PENTE ET DE LA POSITION DE IS

Lorsque nous parlons ici de ***forte*** ou ***faible*** pente, ***nous raisonnons en valeur absolue***, en faisant donc abstraction du fait que la pente (s/b) est négative. La figure 14 illustre la signification pratique de la pente de IS.

Figure 14

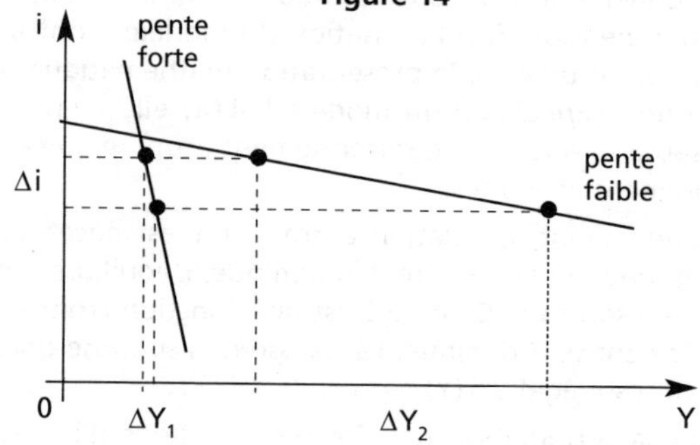

Une variation donnée du taux d'intérêt (Δi) a un effet peu sensible sur Y quand la pente de IS est forte (ΔY_1) ; elle a un effet important sur Y quand la pente est faible (ΔY_2). On peut vérifier par le raisonnement qu'une forte pente implique une influence limitée du taux d'intérêt sur le revenu. En effet, la pente (s/b) est d'autant plus forte que s est élevée et que b est faible (en valeur absolue).

Si l'élasticité de l'investissement par rapport au taux d'intérêt (b) est faible, les variations de i auront peu d'effet sur I et donc sur Y. Par ailleurs, l'effet multiplicateur de I sur Y est d'autant plus faible que la propension à épargner est forte (rappelons que le multiplicateur k est égal à : 1 / (1 – c) = 1 / s).

Inversement, une faible pente de IS signifie que s est peu élevée et/ou que b est élevée. Si s est faible, la propension à consommer est forte et l'effet multiplicateur de I sur Y est important. Si b est élevée, le taux d'intérêt agit fortement sur l'investissement, et donc aussi sur la production. On vérifie ainsi qu'une pente faible est associée à un effet important de i sur Y.

Pour une pente donnée, c'est-à-dire pour des valeurs données de s et b, qu'est-ce qui détermine la position de IS ? On le voit dans l'équation 4, si b et s sont fixes, seule la demande autonome (DA) peut modifier la position de IS. Concrètement, si la demande autonome augmente, pour un taux d'intérêt donné, la production augmente.

Sur la figure 15, IS se déplace vers la droite. Quelle est l'ampleur de ce déplacement ? La réponse est donnée par le multiplicateur, qui indique comment varie Y en réaction à une variation de la demande autonome. La variation $Y_2 - Y_1$ est donc simplement :

$$Y_2 - Y_1 = \Delta Y = k \,.\, \Delta DA, \text{ où k est le multiplicateur.}$$

Figure 15

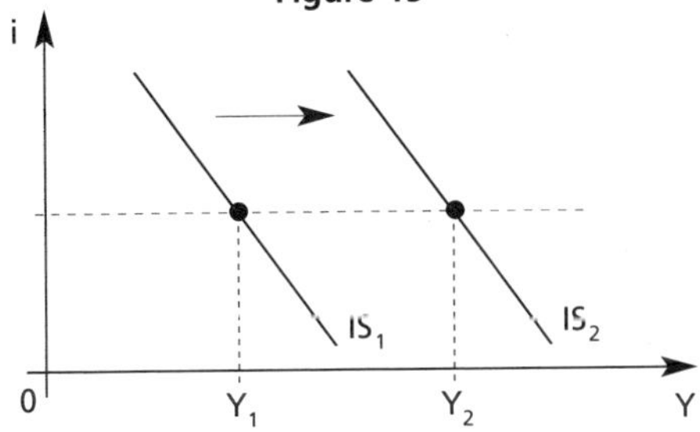

Ainsi, une augmentation des dépenses publiques, une diminution des impôts, une augmentation des exportations déplacent la courbe IS vers la droite ; des variations en sens inverse de ces différentes variables déplacent la courbe IS vers la gauche ; l'ampleur du déplacement est égal à l'effet multiplicateur correspondant (cf. chapitre 2, section 2, B).

B. La courbe LM

La courbe LM représente l'ensemble des combinaisons de taux d'intérêt (i) et de revenu (Y) qui assurent l'équilibre du marché monétaire.

CONSTRUCTION LOGIQUE DE LA COURBE

Comme nous l'avons montré au chapitre 2, l'équilibre sur le marché monétaire est décrit par la relation :

$$\frac{\overline{M}}{P} = L1\,(Y) + L2\,(i) \qquad \ldots(5)$$

L'équilibre monétaire suppose l'égalité entre la demande (L1 et L2) et l'offre ($\overline{M}$/P) de monnaie, d'où le nom de la courbe qui le représente (LM). L'équation (5) montre qu'à l'équilibre sur le marché monétaire il existe une relation entre i et Y.

Y est déterminé par l'équilibre entre l'offre et la demande de biens et services, tandis que i est déterminé sur le marché monétaire. Sur le marché monétaire, i est donc une variable endogène (expliquée) et Y est une variable exogène (explicative). Pour déterminer la relation entre i et Y, sur ce marché, on doit donc se demander comment évolue i (la variable expliquée) quand Y (la variable explicative) varie.

Si le revenu national s'élève, les agents ont besoin de davantage de moyens de paiement pour financer les échanges, et la demande de monnaie de transaction (L1) augmente ; pour une offre de monnaie inchangée, cette pression de la demande de monnaie fait monter le taux d'intérêt. À l'équilibre sur le marché monétaire, il existe donc une relation positive entre i et Y : la courbe LM est croissante.

Figure 16

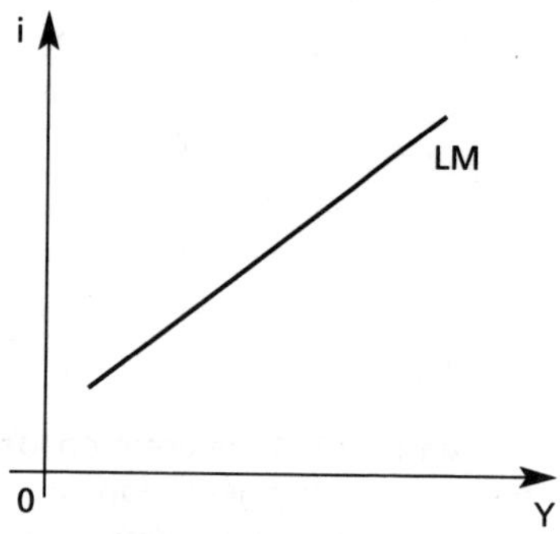

Nous la représentons sur la figure 16 où nous portons i en ordonnées et Y en abscisses. Pour simplifier, nous supposons une relation linéaire et représentons LM par une droite.

DÉMONSTRATION MATHÉMATIQUE DE LA RELATION CROISSANTE

Mathématiquement, la relation entre i et Y, sur le marché monétaire, est nécessairement croissante. En effet, quand Y augmente, L1 augmente. L'offre de monnaie étant inchangée, l'équilibre entre l'offre et la demande (L1 + L2) n'est possible que si L2 diminue, c'est-à-dire si les agents acceptent de libérer des encaisses spéculatives pour financer un volume d'échanges plus important. Comme L2 est une fonction décroissante de i, L2 diminue si, et seulement si, i augmente. La hausse de Y suppose donc une hausse de i pour que $\overline{M}$/P = L1 + L2.

Reprenons la formulation linéaire des fonctions de demande de monnaie présentées au chapitre 2. Dans ce cas, l'équilibre sur le marché monétaire s'écrit :

$$\frac{\overline{M}}{P} = L1(Y) + L2(i) = gY + hi \qquad ...(6)$$

On peut exprimer i en fonction de Y, comme dans la représentation graphique de LM :

$$hi = \frac{\overline{M}}{P} - gY$$

On a donc :

$$i = \frac{\overline{M}/P}{h} - \frac{g}{h}Y \qquad ...(7)$$

Il s'agit bien d'une fonction linéaire (de la forme $y = ax + b$) dont la pente est (g/h). On peut démontrer facilement que cette fonction est croissante (que la pente est positive). En effet, la dérivée de i par rapport à Y est :

$$\frac{di}{dY} = -\frac{g}{h}$$

L'élasticité revenu de la demande de monnaie est positive (donc $g > 0$) ; l'élasticité intérêt de la demande de monnaie est négative ($h < 0$) ; donc le rapport (g/h) est toujours négatif et la pente de LM (– g/h) est toujours positive ; i varie toujours dans le même sens que Y.

INTERPRÉTATION DE LA PENTE ET DE LA POSITION DE LM

La figure 17 illustre la signification pratique de la pente de LM. Une variation donnée du revenu a un effet peu sensible sur i quand la pente de LM est faible (Δi_1) ; elle a un effet important sur i quand la pente est forte (Δi_2). On peut vérifier par le raisonnement qu'une forte pente implique une influence importante du revenu sur le taux d'intérêt.

Figure 17

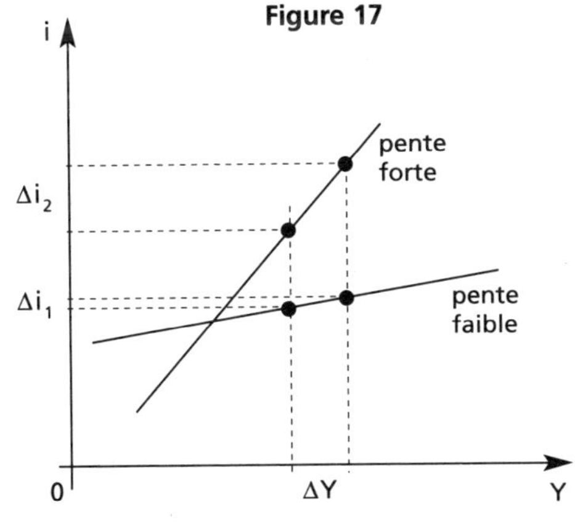

En effet, la pente (g/h) est d'autant plus forte, en valeur absolue, que g est élevée et que h est faible. Si l'élasticité de la demande de monnaie par rapport au revenu (g) est forte, les variations du revenu (Y) entraînent de fortes variations de la demande d'encaisses et donc du taux d'intérêt. Par ailleurs, la réaction du taux d'intérêt est d'autant plus forte que l'élasticité de la demande de monnaie par rapport au taux d'intérêt (h) est faible. En effet, si les agents sont peu sensibles aux variations de i, il faudra une très forte variation du taux d'intérêt pour les convaincre de modifier leurs encaisses spéculatives au profit ou au détriment des encaisses de transaction. On laisse au lecteur le soin de développer le raisonnement inverse – quand la pente de LM est faible.

Comme nous l'avons souligné aux chapitres 1 et 2, le débat sur la monnaie porte surtout sur le degré d'élasticité de la demande de monnaie au taux d'intérêt. Selon le niveau de cette élasticité, la courbe LM peut en théorie connaître trois phases qui sont illustrées sur la figure 18.

Figure 18

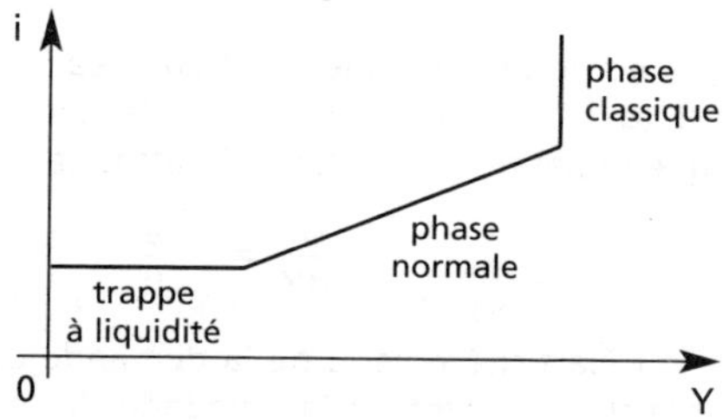

– Dans la phase 1, l'élévation de Y n'a aucun effet sur i. Cela correspond à la « trappe à liquidité », où la demande de monnaie est parfaitement élastique au taux d'intérêt. Le niveau des encaisses spéculatives est tel que les agents acceptent de les réduire pour financer les transactions supplémentaires sans hausse du taux d'intérêt.

– Dans la phase 2, que nous appelons « phase normale », la demande de monnaie est imparfaitement élastique au taux d'intérêt ; il faut une augmentation de i pour réduire les encaisses spéculatives et financer le développement de l'activité.

– Dans la phase 3, que l'on peut appeler « phase classique », la demande de monnaie est parfaitement inélastique au taux d'intérêt ; les encaisses spéculatives sont nulles ; une augmentation, même infinie, du taux d'intérêt ne peut donc pas dégager les encaisses qui seraient nécessaires pour financer un volume d'activité plus important.

Pour une pente donnée, la position de la courbe LM dépend de l'offre de monnaie.

En effet, sur le marché monétaire, une augmentation de l'offre, pour une demande de monnaie et un niveau de revenu donnés, fait baisser le taux d'intérêt. Chaque niveau de revenu (Y) qui équilibre le marché des biens et services est désormais compatible avec un niveau de taux d'intérêt plus faible ; de façon équivalente, on peut dire qu'à chaque niveau de taux d'intérêt qui équilibre le marché monétaire, il est possible de financer un volume d'activité plus important en raison de l'augmentation des moyens de paiements disponibles ; autrement dit : la courbe LM se déplace vers la droite.

C. L'équilibre global en économie fermée

La courbe IS décrit donc comment évolue le revenu sur le marché des biens et services quand le taux d'intérêt varie, et la courbe LM décrit comment évolue le taux d'intérêt sur le marché monétaire quand le revenu varie. L'équilibre sur chaque marché dépend de l'équilibre sur l'autre marché. Il n'existe qu'une combinaison de i et de Y qui assure l'équilibre simultané des deux marchés : elle correspond à l'intersection de IS et LM, c'est-à-dire au point E sur la figure 19.

Si l'économie nationale se situe sur un point quelconque à gauche de la courbe IS, les points A et B par exemple, cela signifie que Y (l'offre globale) est trop faible pour équilibrer le marché des biens et services ; on a donc une demande excédentaire de biens (DEB), ce qui exerce une pression à la hausse de Y. Inversement, pour tout point situé à droite de IS (C et D par exemple), l'offre globale (Y) est trop élevée ; on a donc une offre excédentaire de biens (OEB), ce qui exerce une pression à la baisse de Y.

Examinons à présent les situations de déséquilibre sur le marché monétaire. Tout point situé à gauche de LM (A et D par exemple) implique un taux

Figure 19

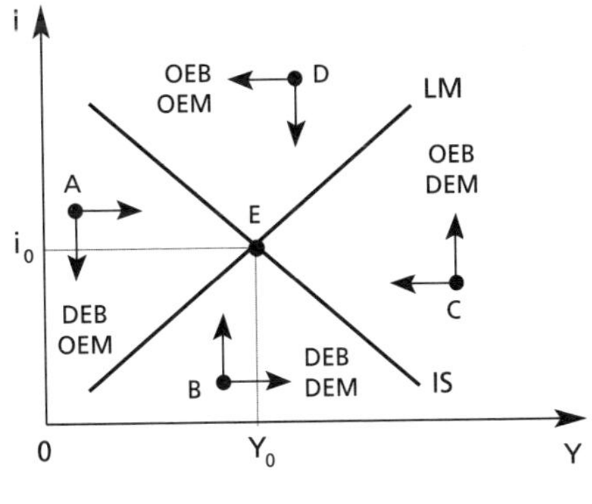

d'intérêt trop élevé et donc une demande de monnaie trop faible pour assurer l'équilibre ; on a une offre excédentaire de monnaie (OEM) qui exerce une pression à la baisse du taux d'intérêt. Tout point situé à droite de LM (B et C par exemple) implique un taux d'intérêt trop faible et donc une demande de monnaie trop forte ; on a une demande excédentaire de monnaie (DEM) qui exerce une pression à la hausse du taux d'intérêt.

Sur la figure 19, l'espace se divise ainsi en quatre secteurs selon la position de l'économie par rapport aux deux courbes. Les flèches latérales indiquent dans quel sens s'exercent les pressions du marché sur Y ; les flèches verticales indiquent dans quel sens s'exercent les pressions du marché sur i.

2. Les politiques conjoncturelles

A. La politique budgétaire

LES EFFETS DE LA POLITIQUE BUDGÉTAIRE

Une politique budgétaire expansionniste déplace la courbe IS vers la droite. En effet, cette politique, en injectant des dépenses ou des revenus supplémentaires dans le circuit économique, exerce un effet multiplicateur sur la production, dont l'ampleur est mesurée par le déplacement latéral de IS (le passage de Y_1 à Y_3 sur la figure 20).

Figure 20

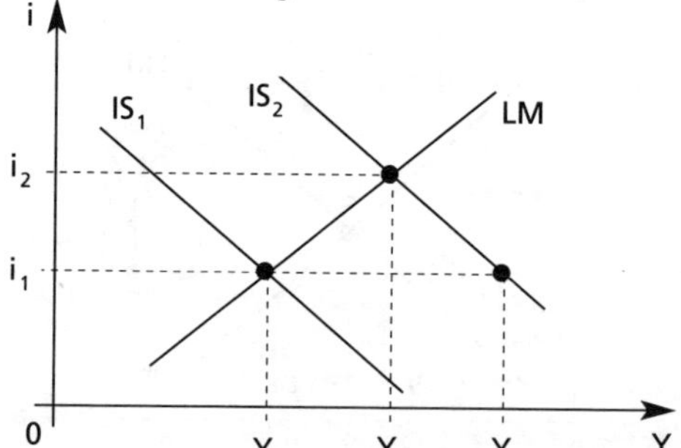

Si le taux d'intérêt restait constant, le nouveau revenu d'équilibre serait Y_3. Mais le développement de l'activité entraîne une demande supplémentaire de monnaie pour financer les transactions; sur le marché monétaire, cela induit une augmentation du taux d'intérêt; la hausse de i freine l'investissement privé et l'effet final sur la production est plus faible que prévu par le seul calcul du multiplicateur : on atteint un revenu Y_2 et non Y_3. Le lecteur se chargera d'effectuer les raisonnements inverses – dans le cas d'une politique restrictive qui déplace IS vers la gauche et induit un niveau de revenu et de taux d'intérêt plus faible.

LES CONDITIONS D'EFFICACITÉ DE LA POLITIQUE BUDGÉTAIRE

On peut résumer ainsi l'enchaînement des effets d'une politique budgétaire expansionniste, en indiquant en dessous si l'effet doit être fort ou faible pour que la politique soit efficace :

Politique	→	effet multiplicateur sur Y	→	hausse de L1	→	hausse de i	→	baisse de I
		fort		faible		faible		faible

La logique de cet enchaînement est simple : il s'agit d'obtenir l'effet stimulant maximum sur Y en limitant au maximum la hausse du taux d'intérêt et son effet négatif sur l'investissement. L'enchaînement des effets est le même dans le cas d'une politique restrictive; il suffit d'inverser le sens de variation des différentes variables.

Les conditions d'efficacité de la politique budgétaire sont donc les suivantes :

– un multiplicateur élevé (et donc une forte propension à consommer et une faible propension à importer);

– une demande de monnaie peu élastique au revenu (pour que l'élévation de Y n'entraîne pas une forte augmentation de la demande de monnaie);

– une demande de monnaie fortement élastique au taux d'intérêt (dans ce cas, en effet, une faible hausse de i suffit à réduire les encaisses spéculatives pour satisfaire la demande supplémentaire de monnaie de transaction);

– une faible élasticité de l'investissement au taux d'intérêt (pour que I soit peu déprimé par l'élévation du taux d'intérêt);

– des capacités de production inutilisées et une offre de biens et services élastique à court terme (sinon, l'effet multiplicateur s'exerce sur les prix et non sur la production).

Les conditions d'efficacité sont les mêmes, que la politique soit expansionniste ou restrictive.

B. La politique monétaire

LES EFFETS DE LA POLITIQUE MONÉTAIRE

Une politique monétaire expansionniste, qui se traduit par une augmentation de l'offre de monnaie, déplace la courbe LM vers la droite. Sur le marché monétaire, l'offre de monnaie supplémentaire fait baisser le taux d'intérêt ; la baisse de i stimule l'investissement privé (I) ; la reprise de l'investissement a un effet multiplicateur sur le revenu. Sur la figure 21, on atteint un revenu plus élevé (Y_2) avec un taux d'intérêt plus faible (i_2).

Inversement, une politique monétaire restrictive déplace LM vers la gauche, élève le taux d'intérêt, déprime l'investissement et réduit le revenu national.

Figure 21

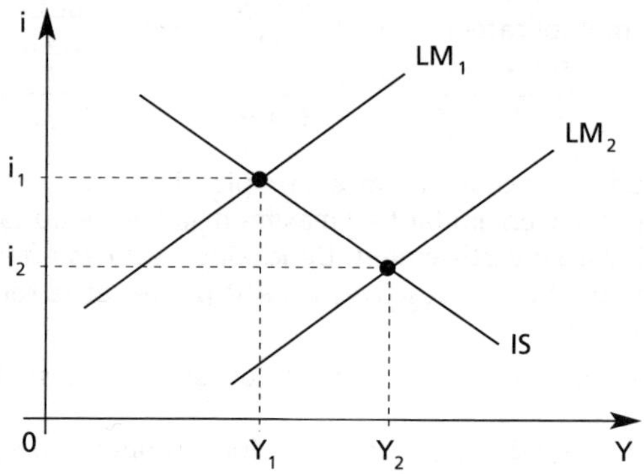

LES CONDITIONS D'EFFICACITÉ DE LA POLITIQUE MONÉTAIRE

On peut résumer ainsi l'enchaînement des effets d'une politique monétaire expansionniste, en indiquant en dessous si l'effet doit être fort ou faible pour que la politique soit efficace :

Politique	→	baisse de i	→	hausse de I	→	effet multiplicateur sur Y
		fort		forte		fort

Il faut en effet une baisse maximale des taux d'intérêt qui stimule au mieux l'investissement pour que celui-ci ait à son tour l'impact maximum sur la production.

Les conditions d'efficacité de la politique monétaire sont donc les suivantes :

– une demande de monnaie peu élastique au taux d'intérêt (dans ce cas, en effet, une forte baisse de i sera nécessaire pour que les agents acceptent d'absorber la monnaie offerte supplémentaire) ;

– une forte élasticité de l'investissement au taux d'intérêt (pour que I soit largement stimulé par la baisse du taux d'intérêt) ;

– un multiplicateur élevé ;

– des capacités de production inutilisées et une offre de biens et services élastique à court terme (sinon, l'effet multiplicateur s'exerce sur les prix et non sur la production).

Les conditions d'efficacité sont les mêmes, que la politique soit expansionniste ou restrictive.

Les conditions en matière d'élasticité de la demande de monnaie et de la demande d'investissement sont inverses pour les politiques monétaire et budgétaire ; en conséquence, quand l'une des deux politiques atteint son efficacité maximum, l'autre a une efficacité minimum ; le débat sur l'efficacité comparée des deux politiques dépend largement de l'estimation empirique des fonctions de demande de monnaie et de demande d'investissement.

C. Interprétations keynésienne et néoclassique

LA LOGIQUE KEYNÉSIENNE

Dans la logique keynésienne, les politiques conjoncturelles sont justifiées parce que l'on ne peut pas compter sur les mécanismes de marché pour conduire spontanément l'économie vers le plein-emploi. La situation keynésienne ordinaire est donc une position telle que le point A sur la figure 22, en page suivante : le revenu d'équilibre spontané de l'économie est Y^*, qui est inférieur au revenu Y_{pe} qui assure le plein-emploi.

Plusieurs stratégies sont alors possibles. Une politique budgétaire déplaçant la courbe IS en IS_2 peut atteindre le plein-emploi au point B. Une politique monétaire déplaçant LM en LM_2 peut atteindre le plein-emploi au point C. La différence entre ces deux stratégies tient au niveau des taux d'intérêt et donc de l'investissement.

En allant vers le point B, on choisit une relance favorable à la consommation privée et au secteur public, mais défavorable aux investissements privés qui sont pénalisés par le niveau élevé du taux d'intérêt. En revanche, en allant vers le point C, la relance se fait d'abord au profit et par l'intermédiaire des investissements privés, fortement stimulés par le faible niveau du taux d'inté-

Figure 22

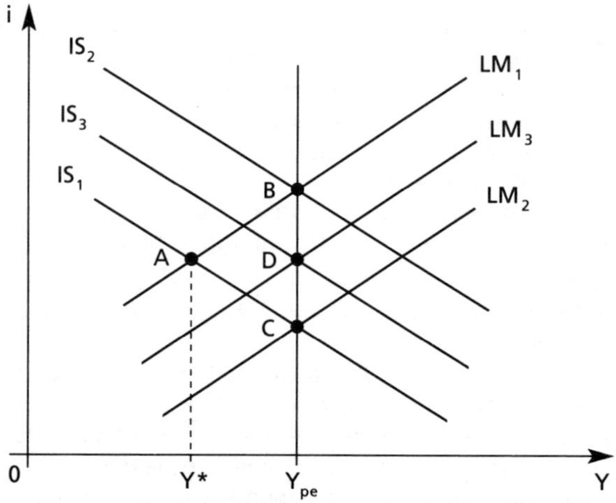

rêt. Le choix entre les deux stratégies dépend donc de préférences politiques sur le partage des bénéfices de la relance entre les différents secteurs et agents.

LA COMBINAISON DES POLITIQUES ÉCONOMIQUES

Il est également possible de pratiquer une combinaison des deux politiques (***policy mix***) et d'atteindre ainsi le plein-emploi en n'importe quel point situé entre B et C. Par exemple, une politique budgétaire déplaçant IS en IS_3 peut être accompagnée d'une politique monétaire déplaçant LM en LM_3. Dans ce cas, l'effet pervers de la relance budgétaire sur le taux d'intérêt et l'investissement est totalement neutralisé par la politique monétaire, qui maintient le taux d'intérêt constant. Concrètement, au fur et à mesure que la relance de l'activité entraîne des pressions sur la demande de monnaie, la banque centrale offre à un taux d'intérêt inchangé la monnaie demandée sur le marché monétaire. On dit que la politique monétaire est « accommodante ».

Tous les mouvements décrits ci-dessus se font sans variation du niveau général des prix. Rappelons en effet que dans l'approche keynésienne, les prix sont fixés à court terme et que ce sont les quantités qui s'ajustent. Tant que l'on n'est pas au plein-emploi, l'offre de biens et services est considérée comme parfaitement élastique : la production peut augmenter sans augmentation des prix. En revanche, tout déplacement de IS et LM tendant à établir l'équilibre au-delà de la droite tracée au niveau de Y_{pe}, doit déclencher l'inflation (l'ajustement précis de l'économie dans cette situation est en fait indéterminé dans notre modèle keynésien élémentaire qui ne prévoit pas explicitement le mode de formation et de réaction des prix).

UNE INTERPRÉTATION NÉOCLASSIQUE DE LA POLITIQUE MONÉTAIRE

Dans la logique néoclassique, le modèle IS-LM n'a guère d'utilité. En effet, si la flexibilité des prix suffit à garantir l'équilibre général, le point d'équilibre spontané du modèle IS-LM correspond à l'équilibre de plein-emploi, et aucun mouvement de IS ou de LM n'est souhaitable. Tout au plus le modèle permet-il d'analyser certains des effets déstabilisants de politiques qui tenteraient d'abaisser le chômage en dessous de son niveau naturel (et donc de faire passer Y au-dessus de Y_{pe}).

Sur la figure 23, nous examinons les effets d'une politique monétaire expansionniste dans l'analyse néoclassique.

Figure 23

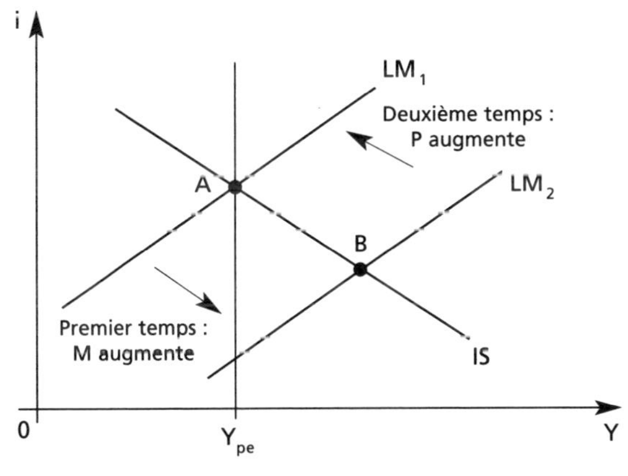

Par hypothèse, le point d'équilibre spontané de l'économie (point A) correspond au plein-emploi. La politique monétaire provoque une augmentation de la monnaie en circulation (M). Dans un premier temps, pour un niveau des prix donné, l'offre réelle de monnaie (M/P) augmente donc et déplace la courbe LM vers la droite. Cependant, le nouveau point d'équilibre (B) est impossible.

Les producteurs utilisent déjà pleinement tous les facteurs de production disponibles ; ils ne peuvent développer Y au-delà de Y_{pe}. La politique monétaire engendre une demande excédentaire qui ne peut que se traduire par une augmentation du niveau général des prix. C'est alors l'effet d'encaisses réelles qui rétablit l'équilibre. En effet, tant que la valeur réelle de la monnaie offerte (M/P) est supérieure à ce qu'elle était au point A, les agents dépensent les encaisses supplémentaires pour rétablir le niveau initial des encaisses réelles, et ces dépenses alimentent l'inflation puisque la production ne peut pas augmenter. Mais l'inflation réduit progressivement la valeur réelle de la monnaie en circulation ; autrement dit, dans un deuxième temps, l'offre ***réelle*** de monnaie (M/P) diminue et la courbe LM se déplace vers la gauche. Le mouvement se poursuit jusqu'à la disparition de toute demande excédentaire et l'on revient au point A. Au total, la politique monétaire est sans effet réel.

UNE INTERPRÉTATION NÉOCLASSIQUE DE LA POLITIQUE BUDGÉTAIRE

Sur la figure 24, nous examinons à présent les effets d'une politique budgétaire expansionniste.

Dans la logique néoclassique, une tentative pour réduire le chômage en deçà du chômage naturel revient à essayer de développer Y au-delà du PIB de plein-emploi.

Au point A, comme précédemment, l'économie est déjà spontanément au plein-emploi. Si une politique budgétaire déplace alors la courbe IS vers la droite, le modèle indique un nouvel équilibre au point B.

Figure 24

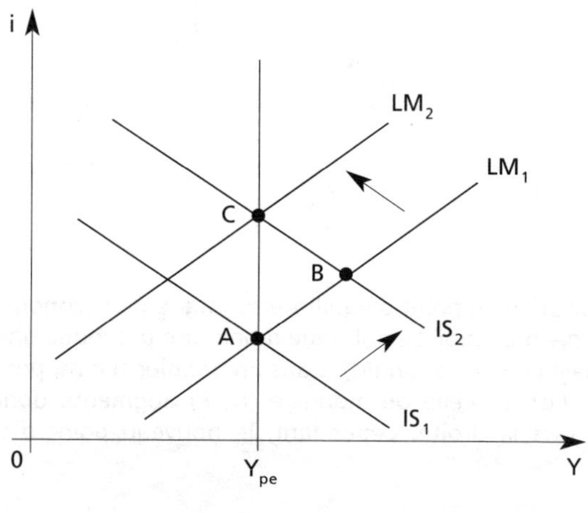

Mais, là encore, ce nouvel équilibre est impossible. On ne peut développer Y au-delà de Y_{pe}. La demande excédentaire engendrée par la politique budgétaire provoque une hausse du niveau général des prix. Si P augmente, pour une offre nominale de monnaie inchangée (M), l'offre réelle de monnaie (M / P) diminue ; autrement dit, la courbe LM se déplace vers la gauche. Le processus se poursuit jusqu'au point C, c'est-à-dire tant qu'il existe une demande excédentaire par rapport au PIB de plein-emploi. Comme la politique monétaire, la politique budgétaire est finalement impuissante à modifier Y. Mais à la différence de la politique monétaire, la politique budgétaire n'est pas complètement neutre. En effet, on ne revient pas purement et simplement au point d'équilibre initial (A), mais à un point plus élevé, c'est-à-dire où le taux d'intérêt est plus élevé.

L'EFFET D'ÉVICTION FINANCIÈRE

Comme on l'a déjà souligné dans l'interprétation keynésienne, les points A et C ne sont pas strictement équivalents. Au point C, l'investissement privé est plus faible qu'au point A. Ainsi, la politique budgétaire n'a pas réussi à augmenter le produit intérieur global, mais elle a réussi à développer une partie de la production (celle qui répond aux dépenses publiques supplémentaires) au détriment de l'investissement privé. Il s'agit de ***l'effet d'éviction*** mis en évidence par les monétaristes : les dépenses nouvelles engendrées par la politique budgétaire évincent d'autres dépenses ; l'effet total est nul ; seule la structure des dépenses est modifiée dans un sens qui est conforme aux objectifs des décideurs politiques.

Il faut souligner que l'interprétation néoclassique proposée ci-dessus ne ***démontre*** pas l'inefficacité des politiques économiques, mais la ***présuppose***. On part en effet d'un équilibre de plein-emploi, ce qui revient à postuler au départ l'inutilité de la politique économique. Cela dit, l'interprétation néoclassique a le mérite de montrer comment l'économie réagit à des mesures politiques ***inadaptées*** – par exemple, à une stimulation des dépenses trop forte compte tenu de l'élasticité de l'offre, ou à une expansion trop rapide de la monnaie. De plus, comme nous le verrons par la suite en discutant des politiques macroéconomiques en économie ouverte, le problème de l'éviction est réel, même quand la politique budgétaire est efficace. Si l'augmentation des dépenses publiques est financée par emprunt sur les marchés financiers, cela peut avoir un effet quantité (diminution de l'épargne disponible) et un effet prix (élévation des taux d'intérêt) défavorables sur les investissements privés.

4

Offre globale, demande globale, inflation et chômage

Nous rappelons que nous ne cherchons pas à délimiter de façon précise des écoles de pensée. Nous nous contenterons ci-dessous de distinguer trois grandes logiques, selon le degré de confiance accordé aux mécanismes d'ajustement des prix pour rétablir l'équilibre général à la suite d'un choc. Pour la commodité de l'exposé, nous nommons ces trois logiques : classique, monétariste et keynésienne.

Logiques classique, monétariste et keynésienne :

– Nous désignons par « ***logique classique*** » une analyse selon laquelle la flexibilité des prix assure l'équilibre économique automatique, à court terme comme à long terme.

– Dans la « ***logique monétariste*** », les mécanismes d'ajustement par les prix ne peuvent pas assurer l'équilibre économique instantanément, à court terme, mais permettent à l'économie de converger progressivement vers un équilibre de long terme identique à celui décrit dans la logique classique.

– Nous regroupons enfin sous le terme de « ***logique keynésienne*** » toutes les analyses qui mettent en doute la capacité des mécanismes de prix à rétablir automatiquement l'équilibre économique, à court terme comme à long terme.

Cette classification n'a d'autre intérêt que la simplicité nécessaire à notre intention, qui est ici pédagogique et nullement doctrinale; elle ne fait certes pas justice à la multiplicité effective des écoles et sous-écoles de pensée, pour laquelle nous renvoyons le lecteur aux ouvrages plus directement intéressés par le débat des doctrines et l'histoire de la pensée économique.

Un débat du côté de l'offre :

L'essentiel du débat macroéconomique porte sur la façon dont l'offre globale de biens et services réagit aux différents chocs susceptibles d'affecter l'économie. Si les prix et salaires sont infiniment flexibles, l'offre globale se situe en permanence au niveau qui assure le plein-emploi. Des chocs quelconques sur l'offre ou la demande se traduiront par une réaction instantanée des prix, sans aucun ajustement des quantités (production et emploi) ; l'offre est rigide au niveau du plein-emploi. Dans ce cas, la politique économique paraît inutile. Si le gouvernement estime que le taux de chômage naturel associé au plein-emploi est trop élevé, il ne peut le réduire par une politique expansionniste puisque la production est rigide et que seuls les prix peuvent augmenter. On ne peut pas acheter un peu moins de chômage au prix d'un peu plus d'inflation.

En revanche, si l'offre est élastique, la production peut s'ajuster en même temps que les prix. Les chocs qui atteignent l'économie ont alors des effets sur la production, et donc sur l'emploi et le chômage. Mais, dans ce cas, les politiques économiques ont également des effets réels. On peut envisager de stimuler la demande pour élever la production et l'emploi. Certes, cela entraînera une hausse du niveau général des prix; mais l'inflation supplémentaire permet en contrepartie une réduction du chômage. Un arbitrage politique entre le chômage et l'inflation est possible.

Ainsi, derrière le débat sur l'offre globale, se dessine le débat sur l'utilité des politiques économiques et sur la possibilité de choisir la combinaison inflation-chômage.

Nous expliciterons d'abord les outils de l'analyse : courbe d'offre et de demande globales, et courbe de Phillips. Nous analyserons ensuite les stratégies d'ajustement de l'économie aux différents déséquilibres : chocs sur l'offre, chocs sur la demande et stagflation.

1. Offre globale, demande globale et courbe de Phillips

A. La demande globale

Le niveau de la demande globale, pour un niveau donné des prix, est indiqué par le modèle IS-LM. En effet, dans ce modèle, nous avons raisonné sans introduire de fonction d'offre de biens et services : les entreprises sont supposées offrir la quantité de biens et services qu'elles peuvent écouler sur les marchés ; cette quantité est donnée par le revenu réel d'équilibre situé à l'intersection de IS et LM ; les entreprises n'ont bien entendu aucune raison d'offrir plus ou moins que cette quantité. Le modèle IS-LM nous donne ainsi la production demandée pour un prix donné. Il peut donc nous indiquer quelle serait la production demandée pour un niveau des prix différent, et permettre ainsi de construire une courbe de demande globale reliant production demandée et niveau général des prix.

> ***La courbe de demande globale donne l'ensemble des combinaisons du revenu réel (Y) et du niveau général des prix (P) pour lesquelles le marché des biens et services (IS) et le marché monétaire (LM) sont simultanément en équilibre.***

Autrement dit, la demande globale indique les combinaisons de Y et P qui correspondent à l'équilibre du modèle IS-LM.

CONSTRUCTION DE LA COURBE DE DEMANDE GLOBALE

Le modèle IS-LM est construit pour un niveau général des prix donné. Pour construire la courbe de demande globale, il suffit donc d'étudier comment réagit le revenu d'équilibre (Y), déterminé par l'intersection des courbes IS et LM, quand on fait varier P.

Sur la figure 25 en page suivante, nous partons du point d'équilibre A correspondant à un niveau général des prix P_0. La combinaison (P_0, Y_0) détermine un premier point de la courbe de demande (A' sur le graphique du bas). Pour trouver un second point, nous examinons les effets d'une baisse de P_0 en P_1. La baisse des prix a trois effets.

■ L'effet Keynes

La baisse de P élève le niveau des encaisses réelles (M/P) détenues par les agents, et correspond donc à une augmentation de l'offre réelle de monnaie : LM se déplace vers la droite en LM_1. Le niveau des encaisses réelles dépasse désormais le niveau désiré par les agents ; ils vont donc restructurer leur portefeuille d'actifs, en demandant moins d'encaisses monétaires et en demandant davantage de titres sur le marché financier. La réduction de la demande d'encaisses fait baisser le taux d'intérêt sur le marché monétaire.

La baisse du taux d'intérêt stimule l'investissement, et le revenu réel augmente dans une proportion déterminée par le multiplicateur d'investissement. L'effet Keynes déplace l'équilibre du point A au point B et le niveau de la demande globale de Y_0 en Y_1. La combinaison (P_1, Y_1) nous donne le point B'. La jonction des points A' et B' nous donnerait la courbe de demande s'il n'y avait pas d'autres effets.

L'effet de richesse

La fonction de consommation keynésienne initiale a été complétée, notamment à la suite des travaux de Ando et Modigliani, pour tenir compte, à côté du revenu, de l'influence de la richesse sur la consommation des ménages. Pour un flux de revenu inchangé, on admet désormais qu'une augmentation du patrimoine réel détenu par un agent le conduit à augmenter sa consommation. La fonction de consommation élémentaire utilisée dans le chapitre 2 devient donc C = C(Y,W), où W représente la richesse.

Figure 25

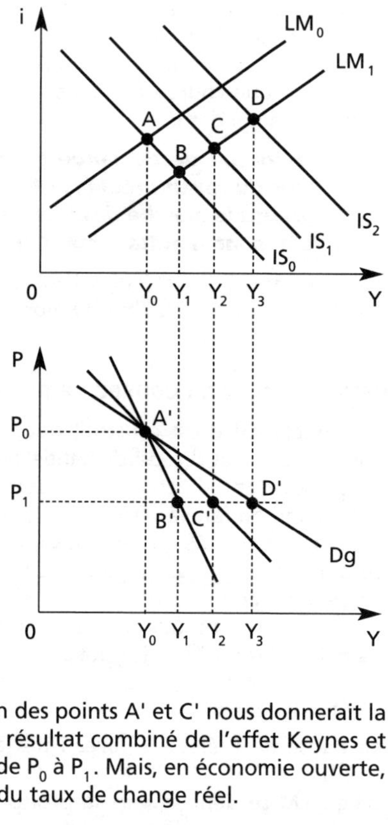

Quand le niveau général des prix diminue, la valeur réelle de tous les actifs détenus par les agents augmente. Autrement dit, la richesse des ménages augmente, et cela stimule la consommation. Quel que soit le niveau du taux d'intérêt, la demande de biens et services est plus élevée : IS se déplace vers la droite en IS_1 et le nouvel équilibre se situe au point C. En économie fermée, la jonction des points A' et C' nous donnerait la courbe de demande : elle indiquerait le résultat combiné de l'effet Keynes et de l'effet richesse sur Y quand on passe de P_0 à P_1. Mais, en économie ouverte, il faut en outre tenir compte des effets du taux de change réel.

L'effet du taux de change réel

Pour un niveau inchangé du taux de change nominal (e) et des prix à l'étranger (P*), la baisse de P augmente le taux de change réel (cf. tome 1, chapitre 6), c'est-à-dire la compétitivité-prix des produits nationaux. En conséquence, les importations sont freinées et les exportations stimulées ; la demande extérieure nette augmente, quel que soit le taux d'intérêt, et la courbe IS se déplace plus avant vers la droite, en IS_2. On atteint un nouveau revenu d'équilibre, Y_3, au point D. La courbe de demande globale est représentée par la jonction des points A' et D' (droite Dg).

PENTE DE LA DEMANDE GLOBALE

Sur la figure 25, on constate que la pente de la demande est d'autant plus faible (en valeur absolue), ou encore que la demande est d'autant plus élastique aux prix, que les trois effets présentés ci-dessus sont forts. Les facteurs qui déterminent l'ampleur de ces effets sont donc les mêmes qui déterminent la pente de la demande. Nous pouvons les résumer en indiquant que la pente de la courbe de demande globale est d'autant plus faible que :

– la demande de monnaie est peu élastique au taux d'intérêt (la réaction aux chocs monétaires nécessite alors de fortes variations du taux d'intérêt pour rééquilibrer le marché monétaire) ;
– l'investissement est élastique par rapport au taux d'intérêt ;
– le multiplicateur d'investissement est élevé ;
– la consommation est élastique par rapport à la richesse ;
– les importations et les exportations sont élastiques par rapport aux prix.

POSITION DE LA DEMANDE GLOBALE

La demande globale étant déterminée par l'équilibre IS-LM, sa position dépend de la position des courbes IS et LM.

Sur la figure 26, examinons tout d'abord les effets d'un déplacement de IS. On part du point A. IS se déplace vers la droite en IS_1, par exemple à la suite d'une augmentation des dépenses publiques, et l'on atteint un nouvel équilibre au point B. Pour un prix P_0 inchangé, le revenu réel d'équilibre est désormais Y_1 (point B' sur le graphique du bas). La variation du revenu réel d'équilibre serait la même quel que soit le niveau général des prix auquel on se situe. Autrement dit, la courbe de demande se déplace parallèlement à elle-même, de D_0 en D_1.

Le lecteur peut vérifier qu'un déplacement de LM vers la droite, par exemple à la suite d'une politique monétaire expansionniste,

Figure 26

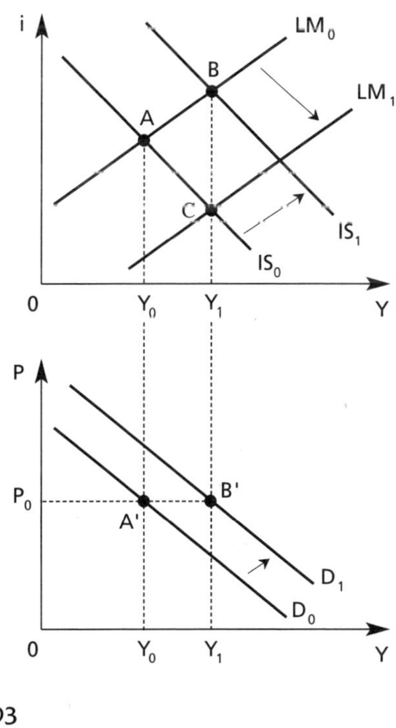

agit dans le même sens. On passe du point A au point C et le revenu réel d'équilibre augmente de Y_0 en Y_1, pour un niveau général de prix P_0 inchangé. Là encore, la demande augmente quel que soit le niveau des prix : la courbe se déplace donc vers la droite.

Pour résumer, il importe de retenir que tout déplacement de IS ou LM entraîne un déplacement de la courbe de demande globale dans la même direction. Les facteurs qui déterminent la position de la demande globale sont donc les mêmes que ceux qui déterminent les positions de IS et LM. Ainsi, on retiendra que la courbe de demande se déplace vers la droite à la suite de, notamment :

- une augmentation des dépenses publiques ;
- une diminution des impôts ;
- une augmentation de la consommation autonome ;
- une augmentation de la demande étrangère autonome ;
- une dépréciation de la monnaie nationale (augmentation du taux de change nominal) ;
- une augmentation des prix étrangers (augmentation du taux de change réel) ;
- une augmentation de l'offre de monnaie.

B. L'offre globale

> ***La courbe d'offre globale indique le volume global de biens et services que l'ensemble des producteurs nationaux est disposé à offrir pour chaque niveau général des prix.***

L'OFFRE DÉPEND DU COÛT DES FACTEURS

Les producteurs combinent des facteurs de production (travail et capital) en vue d'offrir des biens et services ; ils sont rationnels, et, en conséquence, ils tirent toujours le meilleur parti des facteurs disponibles sur le plan technique ; à un moment donné, le volume de la production offerte dépend donc uniquement de la quantité globale de facteurs utilisée. Les producteurs utilisent le volume de facteurs qui maximise les profits ; la production globale dépend donc directement du coût des facteurs. Toute baisse du coût réel des facteurs de production augmente les profits associés à une utilisation plus intensive de ceux-ci, et la production offerte augmente. Inversement, toute hausse du coût réel des facteurs freine l'offre. On peut donc déterminer la courbe d'offre globale en examinant l'évolution du coût des facteurs quand le niveau général des prix varie. Si la hausse de P réduit le coût réel des facteurs, l'offre globale augmente ; elle diminue dans le cas inverse ; si le coût réel des facteurs n'est pas affecté par les variations de P, l'offre réelle ne l'est pas davantage, elle est rigide.

En courte période, on ne retient qu'un seul facteur variable, le travail. Le stock de capital est une donnée qui entre dans les coûts fixes de production. La construction de la courbe d'offre revient alors simplement à étudier les effets des variations de P sur le coût réel du travail, pour une technologie et un stock de capital donnés. Pour un niveau inchangé des salaires nominaux, une hausse de P abaisse le coût réel du travail et donc le coût de production. L'offre devrait s'en trouver stimulée. Si le coût du travail baisse fortement, l'offre augmentera fortement ; si le coût du travail est peu sensible à la baisse de P, l'offre réagira peu ; si le coût réel du travail est insensible au niveau général des prix, l'offre est rigide. De son côté, le coût réel du travail dépend du degré de réaction des salaires nominaux aux variations du niveau général des prix.

On peut également raisonner en étudiant les effets d'une augmentation de la production sur le niveau général des prix. Pour augmenter la production, les entreprises doivent utiliser plus de travail. Si, pour cela, les employeurs doivent élever les salaires, les coûts de production s'élèvent et les producteurs n'acceptent de produire davantage que pour un niveau de prix plus élevé.

Quel que soit le point de départ du raisonnement, on voit donc que la courbe d'offre dépend directement du mode de formation des salaires sur le marché du travail et de la façon dont ils réagissent aux fluctuations du niveau général des prix. Selon le type d'approche retenu pour décrire l'équilibre sur le marché du travail (classique, monétariste ou keynésienne), on obtiendra donc des courbes d'offres différentes.

LA LOGIQUE CLASSIQUE

Les marchés sont supposés en situation de concurrence pure et parfaite. La flexibilité infinie des prix et des salaires garantit la réalisation simultanée et instantanée de l'équilibre entre l'offre et la demande sur tous les marchés. L'information est parfaite. Aussi, dans le cas où un choc sur l'offre ou la demande globale vient perturber l'équilibre initial, tous les contrats peuvent être instantanément renégociés entre des partenaires partageant la même information sur les nouvelles conditions qui prévalent sur les différents marchés. En particulier, les salariés anticipent exactement les mouvements des prix qui déterminent, d'une part, leur pouvoir d'achat et, d'autre part, les coûts réels des producteurs. Ils peuvent donc à tout moment renégocier les salaires réels sur la base d'informations identiques à celles de leurs employeurs. La parfaite flexibilité des salaires assure le plein-emploi en permanence. Il n'existe pas de chômage involontaire. La production utilise toujours au mieux tous les facteurs disponibles. La courbe d'offre est donc verticale au niveau de production de plein-emploi (Y_{pe}). Il n'y a pas d'arbitrage inflation-chômage, puisqu'il n'y a pas de chômage. L'objectif de l'équilibre interne est donc automatiquement réalisé et ne nécessite aucune politique économique.

LA COURBE D'OFFRE CLASSIQUE

Sur la figure 27, nous décrivons la construction de la courbe d'offre. Rappelons que le marché du travail est parfaitement concurrentiel et les salaires parfaitement flexibles. L'offre est une fonction croissante du salaire réel et la demande de travail une fonction décroissante du salaire réel. L'équilibre entre l'offre (Lo) et la demande (Ld) de travail détermine un salaire réel d'équilibre (w_0/P_0) pour un niveau général des prix P_0 (point A). À l'équilibre, l'emploi L_0 correspond au plein-emploi. Si tel n'était pas le cas, il se produirait une variation instantanée de w jusqu'à ce que le plein-emploi soit rétabli.

Figure 27

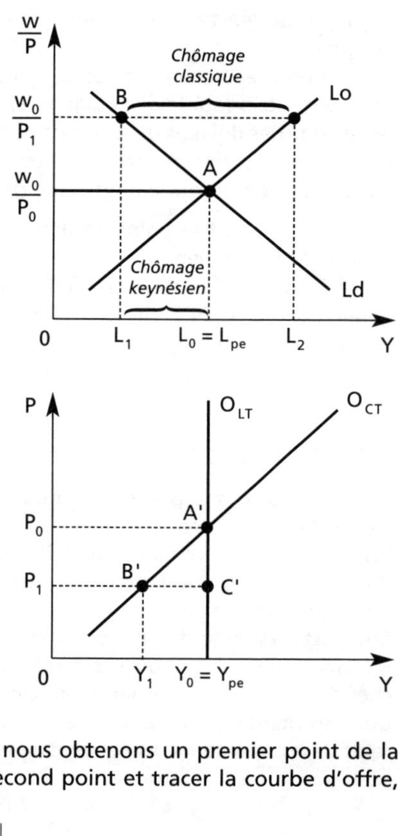

Le volume de travail utilisé détermine le volume de la production par l'intermédiaire de la fonction de production de courte période : $Y_0 = f(L_0, K_0)$, où K_0 est le stock de capital disponible, considéré comme constant en courte période. Rappelons que $Y_0 = Y_{pe}$. Y_0 représente donc la production maximale que l'on peut obtenir en utilisant au mieux la force de travail disponible, pour un état donné des techniques et un volume donné de capital. Sur le graphique du bas, nous associons le revenu réel d'équilibre, Y_0, à P_0, et nous obtenons un premier point de la courbe d'offre (A'). Pour trouver un second point et tracer la courbe d'offre, nous allons nous demander comment varie Y si le niveau général des prix baisse de P_0 en P_1.

Pour un salaire nominal (w_0) inchangé, la baisse de P élève le coût réel du travail (w_0/P_1 est supérieur à w_0/P_0). Au nouveau salaire réel, les employeurs sont désormais disposés à utiliser une quantité plus faible de travail : la demande de travail est indiquée par le point B sur Ld ; le travail demandé est à présent égal à L_1. Si le point B était un point d'équilibre, l'emploi serait réduit à L_1 et la production offerte serait inférieure. La fonction de production indique le volume de production offerte si l'emploi est réduit à L_1 : $Y_1 = f(L_1, K_0)$. En associant la nouvelle production offerte (Y_1) et le niveau des prix P_1, nous obtenons un second point de la fonction d'offre, B'. La jonction de A' et B' nous donne une courbe d'offre O_{CT} (nous supposons pour simplifier que la fonction d'offre est linéaire et que la « courbe » d'offre est une droite ; l'indice CT veut dire « court terme »).

Mais O_{CT} ne représente pas la fonction d'offre classique, parce que les points B et B' ne constituent pas une position d'équilibre stable. En effet, les travailleurs constatent la baisse des prix en même temps que les employeurs et adaptent immédiatement leur comportement : la hausse du salaire réel conduit les individus à augmenter leur offre de travail jusqu'en L_2.

Nous sommes désormais en situation de sous-emploi. Avec un salaire w_0/P_1, il existe un chômage involontaire mesuré par l'écart $L_2 - L_1$. Dans l'optique classique, cette situation est impossible, en dehors du très court terme. En effet, les salaires sont parfaitement flexibles, et le marché du travail, parfaitement concurrentiel. En conséquence, la concurrence des travailleurs pour obtenir les emplois entraîne une baisse des salaires nominaux compensant la baisse initiale des prix. Tant que les salaires ne baissent pas autant que les prix, le salaire réel reste supérieur à son niveau initial et l'emploi reste inférieur au plein-emploi. La concurrence exercera donc sa pression jusqu'à l'élimination complète du chômage : le salaire nominal baisse jusqu'à un niveau w_1 tel que : $w_1/P_1 = w_0/P_0$.

Quand le salaire réel et l'emploi sont revenus à leurs niveaux de départ, le plein-emploi est rétabli et la production est à nouveau égale à Y_0. La seule variable qui ait changé est le niveau général des prix, qui a baissé en P_1. Si l'on associe P_1 et Y_0, on obtient un nouveau point de la courbe d'offre classique : C'. La jonction de A' et C' nous donne la courbe d'offre classique O_{LT} (où l'indice LT veut dire « long terme ») : il s'agit d'une droite verticale indiquant que le volume de production offert est complètement rigide par rapport au prix. Une baisse des prix ne réduit pas la production et l'emploi, parce que les employeurs abaissent les salaires nominaux dans les mêmes proportions, si bien que le coût réel de la production reste inchangé. Les travailleurs acceptent la baisse des salaires parce qu'ils anticipent correctement la baisse des prix et savent que leur pouvoir d'achat n'est pas modifié. Inversement, une hausse des prix n'incite pas les entreprises à produire davantage, parce que les travailleurs anticipent instantanément l'inflation et exigent une augmentation proportionnelle des salaires pour continuer à offrir la même quantité de travail.

Soulignons ici les deux hypothèses qui sous-tendent la courbe d'offre classique : la ***parfaite flexibilité des salaires nominaux,*** à la hausse comme à la baisse, et la ***parfaite anticipation*** de l'inflation ou de la déflation par l'ensemble des agents.

LA LOGIQUE KEYNÉSIENNE

Nous examinons à présent les mêmes questions dans l'optique keynésienne. Nous renvoyons le lecteur au chapitre 2 pour un exposé détaillé des hypothèses keynésiennes. La demande de travail est identique à celle de la théorie classique. En revanche, l'offre de travail ne dépend plus du salaire réel effectif (w / P) mais du salaire nominal. Les individus ne sont pas victimes d'une illusion monétaire qui les conduirait à négliger les mouvements de prix. Cependant, même si les individus sont parfaitement conscients de ce que les variations de prix déterminent la valeur réelle de leur salaire monétaire, à court terme ils peuvent être dans l'impossibilité d'évaluer correctement l'évolution des prix en cours. Il est alors rationnel de se fier à la seule information disponible : le salaire nominal offert par son employeur et par les autres employeurs connus sur le marché. À court terme, dans un univers d'information très imparfaite, les travailleurs rationnels peuvent interpréter les mouvements du salaire nominal comme des mouvements du salaire réel. Cela revient à considérer qu'à court terme leurs anticipations de prix sont rigides.

Par ailleurs, l'existence de contrats de travail explicites et implicites, de conventions collectives et d'investissements en capital humain, rend les salaires nominaux très peu flexibles à court terme.

Enfin, les salaires sont plus flexibles à la hausse qu'à la baisse, dans la mesure où les travailleurs n'ont aucune raison de s'opposer à la hausse des salaires.

LA COURBE D'OFFRE KEYNÉSIENNE

Sur la figure 27, l'offre de travail keynésienne n'est plus continûment croissante. Le salaire nominal est parfaitement rigide à la baisse mais flexible à la hausse. Aussi, à gauche du point A, la courbe d'offre devient horizontale : les travailleurs refusent d'offrir du travail pour un salaire nominal inférieur à w_0. En revanche, à droite de A, on ne pourra obtenir des heures supplémentaires de la part des travailleurs en poste, ou bien attirer de nouveaux travailleurs sur le marché du travail, sans augmenter les salaires.

Dans ce contexte, que se passe-t-il quand le niveau général des prix baisse de P_0 en P_1 ? Pour un salaire nominal inchangé (w_0), la baisse de P élève le coût réel du travail et les employeurs réduisent la demande de travail au niveau L_1 (point B). Mais à présent, à l'inverse des hypothèses classiques, l'offre de travail n'est pas modifiée. Les travailleurs refusent la baisse du salaire nominal demandée par les employeurs pour compenser la baisse des prix. En effet, à court terme, les travailleurs anticipent un niveau général des prix inchangé et interprètent une baisse de w comme une baisse du salaire réel. Le salaire nominal reste donc inchangé et le coût réel du travail augmente. Les employeurs sont alors contraint d'ajuster la quantité de travail. On passe effectivement du point A au point B et l'emploi diminue en L_1. Mais l'offre reste égale à L_0 ; il y a donc un chômage équivalent à $L_0 - L_1$. Comme précédemment, Y se trouve réduit en Y_1 par le recul de l'emploi. En associant P_1 et Y_1 sur le graphique du bas, on obtient le point B' et la courbe d'offre O_{CT}. À la différence de la conclusion classique, cette situation est durable. Le salaire reste rigide à la baisse, le chômage persiste, l'emploi et la production ne reviennent pas à leur niveau initial. La courbe d'offre reste donc croissante.

On peut également raisonner à partir d'une hausse du niveau général des prix. Une hausse de P stimule l'emploi et la production. En effet, la baisse du coût réel du travail stimule la demande de travail, et l'inflation n'est pas immédiatement anticipée par les salariés, qui acceptent donc de travailler davantage même si la hausse du salaire nominal ne compense pas totalement la hausse des prix.

Soulignons que la courbe d'offre keynésienne s'appuie sur deux hypothèses inverses des hypothèses classiques : les salaires sont rigides à la baisse et les travailleurs n'anticipent pas complètement et instantanément les variations de prix.

LA LOGIQUE MONÉTARISTE : LES « ANTICIPATIONS ADAPTATIVES »

L'approche monétariste de la macroéconomie a proposé une articulation entre les visions classique et keynésienne. Les monétaristes adhèrent à la vision classique pour le long terme, mais intègrent certaines des hypothèses keynésiennes pour le court terme : la flexibilité des prix et l'information sont imparfaites.

Pour les monétaristes, les rigidités des prix et des salaires sont largement dues à des institutions ou réglementations contestables mais dont il faut bien tenir compte pour comprendre le fonctionnement réel des marchés en courte période. Par ailleurs, même en l'absence de telles rigidités, à la suite d'un choc quelconque, l'économie ne peut pas converger instantanément vers le nouvel équilibre parce que l'information nécessaire à la renégociation des contrats n'est pas immédiatement disponible sans coûts. Dans un univers d'information imparfaite, il est toujours rationnel de consacrer un certain temps à la recherche d'information avant d'accepter une remise en cause des conditions initiales. En particulier, en ce qui concerne l'information sur les prix et l'inflation, Friedman fait l'hypothèse que les anticipations des travailleurs sont « adaptatives », c'est-à-dire qu'ils adaptent leurs prévisions au fur et à mesure qu'ils acquièrent l'information sur les taux d'inflation passés. Plus précisément, on peut considérer le taux d'inflation anticipé par les travailleurs comme une moyenne pondérée des taux d'inflation passés, avec des coefficients de pondération décroissants dans le temps (on accorde plus de poids au taux d'inflation de l'année dernière qu'à celui d'il y a deux ans, et ainsi de suite). Ou bien encore, on peut représenter cette hypothèse comme un mécanisme de correction progressive des erreurs de prévision. Le taux d'inflation anticipé à la date t ($\dot{P}^a_t$) est égal au taux anticipé à la date t – 1 ($\dot{P}^a_{t-1}$) plus une fraction (l) de l'erreur de prévision constatée en t – 1 :

$$\dot{P}^a_t = \dot{P}^a_{t-1} + \lambda\left(\dot{P}^a_{t-1} - \dot{P}_{t-1}\right) \qquad ...(1)$$

Ainsi, quand l'inflation se développe, les travailleurs ne corrigent pas instantanément leurs anticipations en fonction du taux d'inflation actuel, qu'ils ignorent; ils effectuent une correction partielle et décalée dans le temps. À court terme donc, les anticipations de prix sont imparfaites. Comme nous l'avons montré, cela (éventuellement associé à la rigidité des prix à court terme) engendre une courbe d'offre croissante. Dès lors, l'économie peut s'ajuster aux chocs d'offre ou de demande conformément à la logique keynésienne, c'est-à-dire en associant des ajustements de quantités (production et emploi) aux ajustements de prix. Mais il n'y a là qu'une illusion de court terme. À long terme, les prix sont flexibles et les anticipations exactes; la courbe d'offre redevient verticale et la logique classique s'applique pleinement; le plein-emploi est assuré et la politique économique est inutile.

Sur la figure 27, l'offre keynésienne est une offre ***à court terme,*** quand les prix et les salaires sont relativement rigides et quand dominent les ajustements par les quantités. L'offre classique est une offre ***à long terme,*** quand tous les ajustements de prix ont eu le temps de se réaliser. Notons que la plupart des économistes se rejoignent souvent sur cette articulation du court et du long terme. La question qui divise réellement les différentes approches est de savoir combien de temps dure le court terme. Et, comme nous le verrons, ***si le court terme est suffisamment long,*** on peut douter que l'économie converge ***spontanément*** vers l'équilibre de long terme.

ANTICIPATIONS RATIONNELLES : UN RETOUR AUX CLASSIQUES

La théorie des anticipations rationnelles est issue d'une hypothèse proposée par Muth en 1961, reprise ensuite et développée dans les années 1970 (notamment par Barro, Lucas, Sargent, Wallace). Cette théorie part d'une critique de l'hypothèse des anticipations adaptatives. Cette dernière n'est en effet pas compatible avec l'hypothèse de rationalité. Les agents rationnels tiennent compte de ***toute l'information*** dont ils disposent à un moment donné, et ***non pas seulement des informations passées***. En particulier, si le gouvernement annonce une politique économique, les agents en tiennent compte aussitôt. Si les mesures annoncées sont susceptibles de modifier les prix, les salaires, les taux d'intérêt, etc., les individus ne vont pas attendre de constater effectivement ces modifications pour les intégrer dans leur calcul économique. La théorie des anticipations rationnelles ajoute une hypothèse supplémentaire : les agents ***connaissent le fonctionnement de l'économie***. Ils prévoient donc correctement les effets des politiques économiques ; ils ne commettent pas d'erreurs systématiques dans leurs prévisions.

Les seules erreurs possibles sont dues à des événements totalement imprévisibles pour l'ensemble des agents économiques. Mais ces erreurs parfaitement aléatoires sont instantanément corrigées. En matière d'anticipations du taux d'inflation, ces hypothèses peuvent être résumées ainsi :

$$\dot{P}^a = \dot{P} + \varepsilon \qquad \ldots(2)$$

où ε est un terme aléatoire dont l'espérance mathématique est nulle.

Le taux d'inflation anticipé est donc égal au taux d'inflation effectif, au terme aléatoire près.

Si les anticipations sont rationnelles, le processus d'ajustement progressif décrit dans la logique monétariste ne tient plus. Sur la figure 27, on ne se déplace plus le long de la courbe d'offre de court terme (de A' vers B') avant de converger progressivement vers l'équilibre de long terme (point C'). Si les prix baissent, les salariés anticipent immédiatement et correctement la déflation en cours. Les employeurs savent que leurs travailleurs anticipent correctement la baisse des prix, et ils peuvent donc leur proposer immédiatement une baisse des salaires nominaux proportionnelle à celle des prix pour maintenir l'emploi et la production. On passe donc tout de suite du point A au point C. Il est inutile d'attendre l'apparition du chômage pour amener les travailleurs à accepter les baisses de salaire qui permettront ensuite de baisser suffisamment les prix pour écouler la production. Si les anticipations sont rationnelles, la courbe d'offre est ***verticale, à court terme comme à long terme***. L'économie fonctionne en permanence selon la logique classique. La théorie des anticipations rationnelles est d'ailleurs souvent baptisée « nouvelle macroéconomie classique ». Bien entendu, dans cette optique, la politique économique n'a aucune utilité, même à court terme.

C. La courbe de Phillips

L'analyse qui précède montre que la pente de la courbe d'offre conditionne la possibilité d'agir sur le volume de production et donc sur l'emploi et le chômage. Si l'offre est croissante, une augmentation de la demande globale élève les prix et la production. On obtient ainsi plus d'inflation, mais aussi plus d'emploi et moins de chômage. L'existence ou non d'un arbitrage entre l'inflation et le chômage se trouve ainsi implicitement contenue dans la forme de la fonction d'offre globale. Nous allons à présent faire apparaître explicitement cet arbitrage en étudiant plus précisément la fonction d'offre.

LA FONCTION D'OFFRE

La fonction d'offre établit une relation entre l'évolution du niveau général des prix et celle de l'offre globale de biens et services. La façon dont les prix évoluent quand la production globale augmente dépend de la progression des coûts de production et de la mesure dans laquelle ces coûts sont reportés sur les prix. La façon la plus simple habituellement retenue pour représenter ces relations est la suivante :

$$P = CM + t_m \, . \, CM = (1 + t_m)\, CM \qquad \ldots(3)$$

Le niveau général des prix est égal au coût moyen de production (CM) plus une marge de profit calculée en multipliant le coût moyen par un taux de marge (t_m).

La ***rationalité des producteurs*** et la ***loi des rendements décroissants*** impliquent que le coût moyen global dans l'économie est toujours croissant (cf. tome 2, chapitre 4). L'offre globale est donc également croissante, et la courbe d'offre correspond à la partie croissante de la courbe de coût moyen multipliée par le facteur ($1 + t_m$). Concrètement, voici l'enchaînement logique intégré dans la relation (3) : lorsque la production augmente, à un moment donné et toutes choses étant égales par ailleurs, les productivités moyenne et marginale des facteurs de production diminuent ***(loi des rendements décroissants)***; donc, pour un prix donné des facteurs de production, le coût unitaire de production augmente; alors, les producteurs n'acceptent d'accroître la production offerte qu'en échange d'un prix plus élevé qui couvre les coûts de production et assure une marge de profit minimale.

À présent, explicitons les composantes de la fonction d'offre. Le coût moyen comprend un coût fixe moyen (CFM) et un coût variable moyen (CVM) :

$$CM = CFM + CVM.$$

En courte période, où seul le facteur travail est variable, l'évolution du coût variable moyen reflète celle des salaires nominaux : il est égal au coût total du travail (w . L), divisé par la production totale (Y). Le coût moyen est donc :

$$CM = CFM + \frac{\overline{w \cdot L}}{Y} = CFM + \frac{\overline{w}}{PM} \qquad \ldots(4)$$

où PM est le produit moyen. Notons en effet que L / Y (le nombre d'unités de travail nécessaire par unité produite) est simplement l'inverse du produit moyen (PM = Y / L, et donc Y / L = 1 / PM).

Les relations (3) et (4) permettent d'exprimer la fonction d'offre sous la forme suivante :

$$P = \left(1 + t_m\right)\left(CFM + \frac{\overline{w}}{PM}\right) \qquad \ldots(5)$$

Ainsi, le niveau général des prix associé à une offre globale donnée dépend de quatre facteurs : le taux de marge exigé par les producteurs pour poursuivre leur activité ; CFM, qui mesure à un moment donné le coût de tous les facteurs autres que le travail (équipements, matières premières...) ; les salaires nominaux ; la productivité du travail. Toutes choses étant égales par ailleurs, une augmentation du taux de marge, ou des salaires, ou des autres coûts de production, ou une diminution de la productivité, élèvent le niveau général des prix associé à un niveau donné de l'offre globale : la courbe d'offre se déplace vers la gauche. Une évolution de ces variables en sens inverse déplace l'offre globale vers la droite.

La fonction d'offre établit clairement une relation entre les prix et les salaires. Si l'on raisonne en pourcentage de variation, on peut donc en déduire une relation entre le taux d'inflation et le pourcentage de variation des salaires.

LA RELATION INFLATION-SALAIRE

Nous reprenons donc la relation (5), mais nous calculons non plus le niveau des prix mais leur pourcentage de variation (le taux d'inflation = $\dot{P}$). Par définition, CFM ne varie pas avec la quantité offerte. Par ailleurs, on fait souvent l'hypothèse que le taux de marge est constant. En effet, sur des marchés concurrentiels, le taux de profit est entièrement déterminé par des conditions de marché sur lesquelles les entreprises particulières n'ont aucune influence. Le taux de marge n'est donc pas une variable de décision laissée à la discrétion des producteurs, mais une donnée exogène. En conséquence, lorsque l'offre globale varie, cela ne peut conduire les producteurs à modifier le taux de marge. Nous avons déjà eu l'occasion de remettre en cause cette hypothèse, et nous le ferons encore dans la mesure où, dans l'économie réelle, la concurrence est souvent imparfaite, et la manipulation stratégique des taux de marge par les entreprises, fréquente. Toutefois, pour l'instant, et pour simplifier l'exposé, nous admettrons que le taux de marge est constant.

En conséquence, dans la relation (5), seuls le niveau général des prix, les salaires et le produit moyen peuvent varier. D'après (5), on peut donc dire que (cf. tome 1) :

$$\text{Coefficient de variation de P} = \frac{\text{Coefficient de variation de w}}{\text{Coefficient de variation de PM}} \quad \text{...(6)}$$

Si l'on désigne le pourcentage de variation des différentes variables, comme précédemment, à l'aide d'un point placé en chapeau, on a donc :

$$(1 + \dot{P}) = \frac{(1 + \dot{w})}{(1 + \dot{PM})} \quad \text{...(7)}$$

Par exemple, si les salaires augmentent de 8 % (sont multipliés par 1,08), et la productivité du travail, de 5 % (multipliée par 1,05), le niveau des prix exigé par les producteurs pour maintenir leur production sera multiplié par 1,08 / 1,05, soit : 1,029 ; il augmente donc de 2,9 %. On voit que, approximativement, le taux d'inflation est la différence entre les pourcentages d'évolution des salaires et de la productivité. De façon générale, comme nous l'avons montré au chapitre 1, on peut, pour simplifier la présentation, exprimer la relation (7) sous une forme approximative :

$$\dot{P} = \dot{w} - \dot{PM} \quad \text{...(8)}$$

Ainsi, toute hausse des salaires nominaux supérieure à l'augmentation de la productivité se traduit par une hausse des prix. L'inflation dépend donc du mode de détermination des salaires sur le marché du travail.

LA RELATION SALAIRE-CHÔMAGE

Nous désignons par U_n le taux de chômage naturel correspondant au plein-emploi, et par U le taux de chômage effectif. U et U_n sont exprimés en pourcentage de la population active (qui comprend l'emploi et le chômage).

– Si $U = U_n$, le marché du travail est en équilibre et il ne s'exerce aucune pression sur les salaires nominaux. U_n est donc le taux de chômage pour lequel il n'y a pas de variation des salaires. C'est pourquoi on le désigne parfois, dans la terminologie anglo-saxonne, par ***NAWRU*** : *non accelerating wages rate of unemployment.*

– Si $U > U_n$, il existe une offre excédentaire de travail, et la concurrence entre les travailleurs pour obtenir les emplois exerce une pression à la baisse des salaires nominaux.

– Si $U < U_n$, il existe une demande excédentaire de travail, et la concurrence entre les employeurs pour attirer les travailleurs exerce une pression à la hausse des salaires nominaux.

Le pourcentage de variation de w est donc une fonction décroissante de l'écart $U - U_n$. Autrement dit : plus le chômage est élevé par rapport à U_n, plus les salaires diminuent ; plus le chômage est faible par rapport à U_n, plus les salaires augmentent. Nous posons donc la relation suivante :

Figure 28

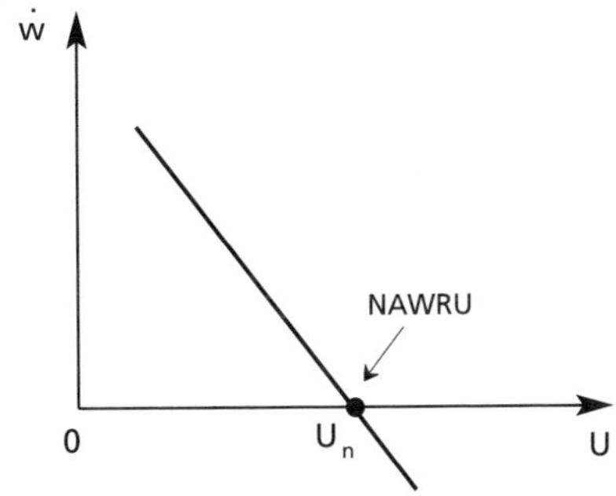

$$\dot{w} = \alpha\,(U - U_n) \qquad \ldots(9)$$

où α est négatif et peut être interprété comme un indicateur d'élasticité ou de vitesse d'ajustement des salaires aux déséquilibres entre l'offre et la demande de travail. Si les salaires sont parfaitement rigides, $\alpha = 0$. Si les salaires sont parfaitement flexibles, $\alpha = -\infty$.

La relation entre le pourcentage de variation des salaires nominaux et le taux de chômage correspond à la courbe mise en évidence par Phillips en 1958, dont nous présentons une version simplifiée sur la figure 28 (CP_0).

Si $\alpha = 0$, la courbe de Phillips est une droite horizontale : la variation des salaires est totalement indépendante du taux de chômage.

Si $\alpha = -\infty$, la réaction des salaires aux écarts du chômage par rapport à son niveau naturel est infinie ; la courbe de Phillips est une verticale qui se situe au niveau du taux de chômage naturel.

Nous représentons une situation intermédiaire où il existe une rigidité (et donc une élasticité) imparfaite des salaires.

LA RELATION INFLATION-CHÔMAGE

Dans la mesure où l'évolution des salaires détermine celle des prix, la relation salaires-taux de chômage se transforme en relation inflation-chômage.

En combinant les relations (8) et (9), on obtient :

$$\dot{P} = \alpha\,(U - U_n) - \dot{PM} \qquad \ldots(10)$$

Ainsi, le taux d'inflation dépend du taux de chômage. Toute réduction du chômage en deçà du taux de chômage naturel entraîne une hausse des salaires ; quand cette hausse des salaires dépasse le taux de croissance de la productivité, elle engendre l'inflation ; en revanche, quand les gains de productivité sont supérieurs à la hausse des salaires nominaux, les prix baissent (taux d'inflation négatif).

Sur la figure 29, nous représentons cette relation dans le cas où la productivité progresse au rythme de 4 % par an. Dans ce cas, toute hausse annuelle des salaires supérieure à 4 % entraîne une inflation annuelle équivalente. C'est pourquoi nous reprenons la figure 28 en doublant l'axe vertical pour faire apparaître un taux d'inflation positif à partir du moment où la progression des salaires dépasse celle de la productivité. Entre U_0 et U_n, les salaires augmentent moins que la productivité ; le taux d'inflation est donc négatif (le niveau général des prix baisse).

Figure 29

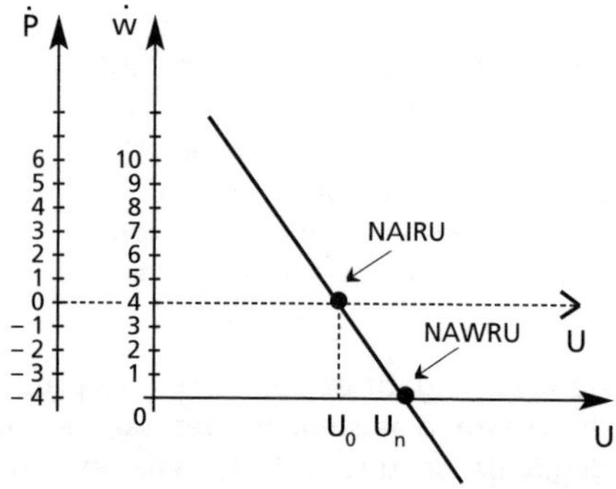

À gauche de U_0, les salaires progressent plus vite que la productivité et le taux d'inflation est positif. U_0 correspond au taux de chômage compatible avec la stabilité des prix (le ***NAIRU*** : *non accelerating inflation rate of unemployment*). Notons que dans le cas où les gains de productivité sont nuls, U_0 et U_n sont confondus : l'inflation positive commence dès que l'on passe à gauche de U_n ; en effet, la hausse des salaires n'étant compensée par aucune élévation de la productivité, elle est répercutée en totalité sur les prix.

Très souvent, on représente la courbe de Phillips en omettant l'axe indiquant la variation des salaires nominaux. Cela est parfaitement valide à condition de ne pas oublier que cette courbe n'établit une relation entre l'inflation et le chômage que dans la mesure où les variations de salaires ne sont pas compensées par des variations de la productivité. La courbe de Phillips apparaît alors comme une relation indiquant l'arbitrage possible entre inflation et chômage. Elle montre à quel prix en inflation on peut réduire le chômage à un niveau donné. Ou, inversement, elle montre le prix à payer en chômage supplémentaire pour réduire le taux d'inflation à un niveau donné.

Nous avons présenté ici l'interprétation originale de la courbe de Phillips. Il s'agit d'une interprétation keynésienne qui part d'une offre croissante et présente une possibilité d'action et de choix pour la politique économique. Nous verrons dans la seconde partie de ce chapitre que cette relation a aussi reçu des interprétations classique et monétariste qui concluent au contraire à l'inefficacité de la politique économique.

2. Déséquilibres économiques et stratégies d'ajustement

A. L'ajustement aux chocs sur la demande

Sur la figure 30, on distingue une offre croissante de court terme, O_{CT}, et une offre verticale de long terme, O_{LT}. Imaginons une économie en situation d'équilibre général de plein-emploi (au point A) qui se trouve soudain confrontée à un recul inattendu de la demande globale. La demande globale diminue de D_0 en D_1 ; la production régresse jusqu'à Y_1 et les prix jusqu'à P_1. Au point B, on est désormais en situation de sous-emploi. Le recul de la production implique une réduction de l'emploi et l'apparition du chômage.

Figure 30

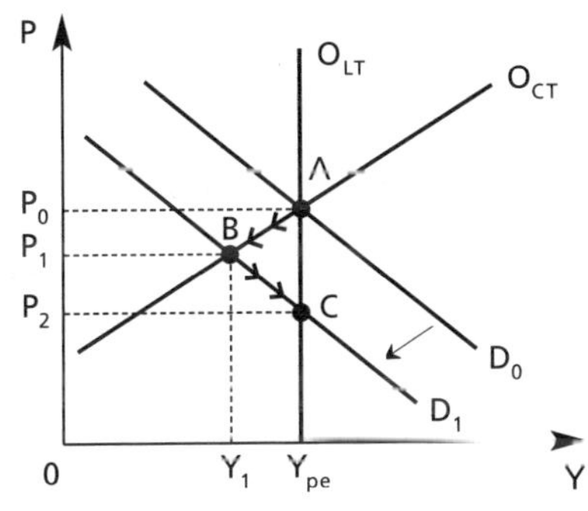

LA LOGIQUE CLASSIQUE

Dans la logique classique, cependant, le retour à l'équilibre est automatique et instantané. On ne se déplace pas le long de O_{CT} mais le long de O_{LT}. En effet, l'excès d'offre sur les marchés de biens et services entraîne la chute des prix jusqu'à ce que la demande soit à nouveau équivalente à la production correspondant au plein-emploi. Les prix baissent donc jusqu'en P_2 et le nouvel équilibre s'établit au point C. Durant le processus d'ajustement, les entreprises ne sont pas incitées à réduire la production et l'emploi. En effet, quand les prix baissent, les salaires nominaux baissent dans les mêmes proportions : le coût réel du travail ne varie pas et, en conséquence, l'emploi et la production ne changent pas ; on reste au plein-emploi.

LA LOGIQUE MONÉTARISTE

La logique classique ne s'applique que dans le long terme. À court terme, l'offre est croissante et la réduction de la demande globale conduit bien l'économie du point A au point B. Cela s'explique par l'insuffisante flexibilité des prix et salaires. Compte tenu de la nouvelle demande globale, on ne pourrait écouler une quantité Y_{pe} inchangée qu'en abaissant le prix en P_2 (point C). Mais les prix ne peuvent pas baisser autant à court terme. En effet, les entreprises n'acceptent pas d'offrir la même quantité que par le passé pour un prix inférieur, parce que la baisse du prix de vente élève le coût réel de production. Si les producteurs pouvaient compenser la baisse des prix par une baisse des salaires nominaux, leur coût réel de production serait constant et ils accepteraient de produire Y_{pe} au prix P_2. Mais les salaires nominaux ne sont pas parfaitement flexibles à la baisse. À court terme, les travailleurs n'anticipent pas correctement la baisse des prix en cours. Ils interprètent donc tout recul du salaire nominal comme une réduction de leur pouvoir d'achat, et refusent de renégocier les salaires à la baisse. Dans un premier temps, donc, le prix de vente recule, les salaires ne bougent pas ou reculent moins vite que les prix. Le coût réel du travail augmente donc et les employeurs réduisent l'emploi et la production.

Mais il ne convient pas pour autant de mettre en œuvre une politique keynésienne visant à stimuler la demande globale pour repousser D_1 vers le haut. En effet, sur la figure 30, le point B n'est pas un point d'équilibre à long terme : si on laisse s'opérer librement les ajustements, l'économie va converger d'elle-même vers le plein-emploi. Au point B, il y a du chômage ; la concurrence entre les travailleurs finit par exercer une pression à la baisse sur les salaires nominaux. De plus, les travailleurs adaptent leurs anticipations aux nouvelles informations sur les prix. Au fur et à mesure qu'ils prennent conscience de la baisse des prix en cours et qu'ils anticipent plus précisément le niveau effectif des prix, ils acceptent plus volontiers les baisses de salaire nécessaires pour maintenir leur emploi ou pour retrouver un emploi s'ils sont au chômage. La baisse progressive des salaires nominaux permet aux entreprises d'augmenter l'emploi et la production et d'abaisser les prix pour écouler cette offre croissante. La courbe d'offre de court terme se déplace vers la droite. Tant qu'il existe un sous-emploi, la baisse des salaires et des prix continue. L'économie converge donc nécessairement vers le point C où l'on atteint à nouveau le plein-emploi. Au point C, les salaires et les prix ont finalement baissé dans les mêmes proportions ; le coût réel du travail est le même qu'au point A et l'emploi revient donc à son niveau initial. Le chômage n'est qu'un phénomène temporaire associé à l'imperfection de l'information et des anticipations, phénomène éventuellement accentué par les rigidités qui entravent la libre négociation des salaires.

LA LOGIQUE KEYNÉSIENNE

Les logiques classique et monétariste diffèrent sur la durée du processus d'ajustement, mais elles ont une même vision sur sa nature. Il s'agit d'un mécanisme en trois temps :

1°) Le chômage (ou la menace du chômage) qui accompagne la récession entraîne une baisse des salaires nominaux.

2°) La baisse des salaires nominaux permet aux producteurs de baisser les prix et de rétablir l'emploi et la production.

3°) La baisse des prix rétablit la demande à son niveau initial et permet d'écouler une production correspondant au plein-emploi.

La logique keynésienne conteste l'efficacité des ces trois mécanismes et conclut que les déséquilibres sur le marché du travail et sur le marché des biens et services ne seront pas rétablis automatiquement. D'une part, les baisses de salaires ne se produisent pas nécessairement et, quand elles se produisent, elle ne suffisent pas à résorber le chômage. D'autre part, les baisses de salaires ne permettent pas toujours une baisse des prix suffisante pour rétablir une demande globale insuffisante.

LA FLEXIBILITÉ DES SALAIRES NE RÉSORBE PAS LE CHÔMAGE

Certains des arguments keynésiens présentés ici ont déjà été étudiés dans le chapitre 2, auquel nous renvoyons le lecteur pour des précisions éventuelles.

■ La rigidité des salaires à la baisse est rationnelle

Keynes a montré qu'il était rationnel pour les travailleurs de résister à la baisse de w tant qu'ils pensent que les individus exerçant le même travail qu'eux ont un salaire inchangé (***théorie du salaire relatif***).

Les théories modernes du contrat de travail ont montré que les entreprises maximisaient leur profit en offrant des contrats de travail qui stabilisent les salaires par rapport aux fluctuations de la productivité. En procédant ainsi, elles préservent leurs investissement passés dans la formation des salariés (***théorie des investissements en capital humain***). De plus, elles peuvent attirer les travailleurs pour un salaire moyen plus faible que si elles offraient des contrats où les salaires s'ajustent en permanence à la productivité (***théorie des contrats implicites***). Enfin, dans un univers d'incertitude, les ***coûts d'ajustement et les risques d'erreur*** associés aux variations des prix et salaires sont généralement plus élevés que ceux attachés aux variations des quantités.

Pour toutes ces raisons, le fonctionnement normal du marché du travail confronté à une récession implique une certaine rigidité des salaires à la baisse.

■ Les chômeurs ne sont pas toujours concurrents des salariés

Le premier chaînon du processus d'ajustement classique et monétariste repose sur l'idée que les chômeurs entrent en concurrence avec les travailleurs employés pour obtenir un emploi et que cette concurrence doit contraindre ces derniers à accepter des baisses de salaires.

Or le chômage européen des années 1970-1980 a permis deux constats qui contredisent cette idée :

– En premier lieu, une partie du chômage provient d'une mutation dans les structures de la demande et de la production. Les chômeurs qui proviennent de secteurs en déclin n'ont bien souvent ni la formation ni l'expérience requises pour travailler dans les secteurs en expansion : dès lors, ils ne sont pas vraiment en concurrence avec les salariés employés dans ces secteurs. On peut avoir une pénurie de main-d'œuvre qualifiée dans certaines activités, ce qui entretient un niveau élevé des salaires alors même que le chômage est important.

– En second lieu, l'allongement de la durée du chômage a un effet pervers sur « l'employabilité » des chômeurs. Autrement dit, on constate que plus le chômage d'un individu dure longtemps, plus la probabilité de ce dernier de trouver un emploi diminue. Tout se passe comme si les employeurs considéraient qu'une longue période de chômage rend les individus de plus en plus inadaptés au travail, ou en tout cas nettement moins productifs que les travailleurs employés. Ainsi, plus le processus d'ajustement est long, plus la durée du chômage s'allonge et moins les chômeurs constituent de réels concurrents des salariés employés sur le marché du travail.

■ La baisse des salaires n'augmente pas suffisamment l'emploi

Même si elle se produit, la baisse des salaires nominaux peut finalement réduire l'emploi au lieu de le stimuler. En effet, elle exerce un ***effet de substitution favorable*** au facteur travail, dont le prix relatif diminue. Mais cet effet peut être plus que compensé par un ***effet revenu défavorable*** : la baisse des salaires réduit le revenu et, en conséquence, la consommation des travailleurs employés. Ce recul de la consommation déprime encore plus la demande, accentue la récession et conduit les producteurs à diminuer l'emploi.

Dans la plupart des pays européens, il est établi que l'effet macroéconomique immédiat des baisses de salaires est une réduction de l'emploi, et parfois sur plusieurs années : l'effet favorable existe, mais il est dépassé par l'effet revenu et il n'agit qu'à moyen et long terme.

Au total, la flexibilité des salaires nominaux à la baisse paraît incapable d'assurer à elle seule le retour du marché du travail vers le plein-emploi.

LA DEMANDE RESTE INSUFFISANTE

De plus, on peut douter de ce que la réduction des salaires permette d'abaisser sufisamment les prix pour rétablir la demande à son niveau d'avant la récession (deuxième et troisième chaînons du processus classique).

■ La baisse des salaires peut réduire la productivité

La théorie du salaire d'efficience (cf. chapitre 2) montre que les baisses de salaires peuvent avoir un effet pervers sur la motivation et la productivité des travailleurs. D'une part, ce phénomène implique que la baisse des salaires nécessaire pour rétablir l'équilibre du marché du travail est certainement bien plus forte que celle prévue dans la logique classique. Au fur et à mesure que les salaires baissent, en effet, la productivité baisse également, ce qui appelle de nouvelles baisses de salaires compensatrices. Le processus converge éventuellement vers un équilibre, mais peut-être à un niveau des rémunérations tellement bas que l'effet revenu négatif décrit ci-dessus se trouve singulièrement amplifié.

D'autre part, si la productivité diminue en même temps que les salaires, la baisse des salaires nominaux n'entraîne pas une baisse proportionnelle du coût moyen de production. En conséquence, les producteurs ne peuvent pas baisser les prix proportionnellement à la baisse des salaires. L'effet stimulant sur la demande sera réduit d'autant.

■ La baisse des salaires peut gonfler les marges

Par ailleurs, le processus classique suppose des marchés de concurrence parfaite où les producteurs sont contraints de répercuter en totalité la baisse du coût moyen sur les prix. Or, dans la réalité, la concurrence est souvent imparfaite et les producteurs ont la possibilité de moduler leur taux de marge. En élevant le taux de marge, ils augmentent leurs profits immédiats. En contrepartie, cela réduit leur compétitivité et risque de limiter leur part de marché et leurs profits futurs. Inversement, ils peuvent sacrifier les profits immédiats et abaisser leur taux de marge pour renforcer leur compétitivité et leurs profits futurs.

Dans ce contexte, rien ne garantit *a priori* qu'une baisse des salaires, si elle se produit, sera entièrement transformée en baisse des prix. En période de récession, si le processus d'ajustement classique est suffisamment long, les producteurs commencent par subir une réduction des marges. En effet, la productivité diminue et donc le coût moyen augmente, tandis que les prix sont plutôt orientés à la baisse. Comme la baisse des salaires nominaux ne peut pas intervenir immédiatement, mais seulement à moyen et long terme, la récession se traduit par une période plus ou moins longue de réduction du taux de marge. Si, finalement, la baisse des salaires nominaux se produit, il est fort possible que les entreprises en profitent d'abord pour rétablir leurs marges. Dans ce cas, elles ne répercutent pas la baisse des salaires sur les prix et le mécanisme d'ajustement classique se trouve contrarié. Sans baisse des prix, la demande restera insuffisante pour écouler une production équivalente à celle qui, avant la récession, permettait le plein-emploi. Et ce, d'autant plus que la baisse des salaires nominaux peut exercer un effet dépressif sur la demande globale.

LA POLITIQUE ÉCONOMIQUE EST NÉCESSAIRE

En conclusion, la logique keynésienne ne rejette pas totalement la pertinence théorique du processus d'ajustement classique. Ce processus indique des pressions effectivement à l'œuvre dans l'économie. Mais la logique keynésienne estime que ce processus d'ajustement est ***trop incertain*** et surtout ***trop long*** pour que l'on puisse se contenter d'attendre un retour automatique à l'équilibre de plein-emploi. Des années peuvent être nécessaires pour obtenir la flexibilité des salaires à la baisse. De nouvelles années peuvent alors être requises pour laisser aux baisses de salaires le temps de stimuler l'emploi. Le court terme est trop long et trop coûteux en chômage : l'intervention de la politique économique est donc nécessaire.

Finalement, le but d'une stratégie keynésienne est le même que celui de la stratégie classique : rétablir la demande à son niveau initial. Mais au lieu d'atteindre cet objectif par l'enchaînement long et incertain chômage-baisse des salaires-baisse des prix, la stratégie keynésienne se propose de le rechercher plus directement et plus rapidement en repoussant le demande globale vers le haut à l'aide d'une politique budgétaire et/ou monétaire expansionniste. Sur la figure 30, une telle politique repousse D_1 vers D_0 et ramène l'économie au point A. Notons que cette politique n'est même pas inflationniste, puisqu'elle rétablit seulement les prix à leur niveau antérieur.

B. L'ajustement aux chocs sur l'offre

À présent, nous examinons l'ajustement de l'économie à un choc affectant l'offre globale. Sur la figure 31 ci-contre, on part comme précédemment du point A. Survient alors un choc pétrolier qui se traduit par une hausse soudaine et considérable du prix du pétrole, dans une économie ou cette matière première est entièrement importée et représente une part importante des besoins énergétiques. Toutes choses étant égales par ailleurs, la conséquence immédiate de ce choc est une hausse sensible du coût réel de production et une diminution des profits. Pour un prix donné, les producteurs sont donc incités à réduire leur production : la courbe d'offre se déplace vers la gauche et l'on atteint un nouveau point d'équilibre, B, caractérisé par un niveau général des prix plus élevé et une production réduite, inférieure au niveau de plein-emploi.

LES LOGIQUES CLASSIQUE ET MONÉTARISTE

Dans l'optique classique, le point B n'est pas un point d'équilibre. Il décrit seulement ce vers quoi tendrait l'économie si les prix n'étaient pas parfaitement flexibles.

Figure 31

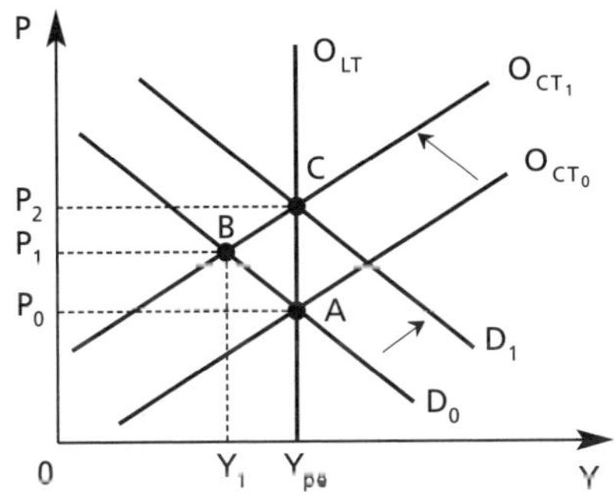

Au point B en effet, $Y_1 < Y_{pe}$. Le chômage apparaît donc sur le marché du travail et exerce instantanément une pression à la baisse des salaires nominaux. La baisse des salaires compense la hausse des coûts d'approvisionnement énergétique et les producteurs peuvent maintenir leur offre au niveau initial. À la limite, si la vitesse d'ajustement des prix est infinie et si les anticipations sont rationnelles, l'offre ne se déplace pas du tout vers la gauche, même à court terme. Dès l'annonce du choc pétrolier, les employeurs comme les travailleurs savent dans quelle mesure les coûts réels de production vont augmenter, et donc dans quelles proportions il faut baisser les salaires nominaux pour maintenir le plein-emploi. Les contrats sont instantanément renégociés, l'offre et les prix ne changent pas, les salaires nominaux sont ajustés dans les proportions nécessaires et l'on reste au point A.

Dans l'optique monétariste, les anticipations et la flexibilité des salaires ne sont pas parfaites à court terme. Dans un premier temps, on se déplace bien vers le point B. Un choc sur l'offre peut donc engendrer la stagflation : la conjonction de l'inflation et d'une baisse de la production. Toutefois, cet effet pervers n'est que temporaire. Au point B, en effet, il existe un chômage qui exerce une pression à la baisse des salaires nominaux. La baisse des salaires compense la hausse des coûts d'approvisonnement énergétique et les producteurs peuvent à nouveau augmenter l'offre de biens et services. L'offre repart vers la droite et le niveau général des prix baisse. Tant que la production reste inférieure au plein-emploi, le chômage subsiste ; la baisse des salaires se poursuit donc et continue de stimuler l'offre et la baisse des prix. Le mouvement continue jusqu'à ce que l'offre soit revenue en O_{CT_0}, où le plein-emploi est rétabli. Là encore, la différence entre les logiques classique et monétariste ne porte que sur le temps nécessaire à l'ajustement vers le point d'équilibre de long terme.

Notons qu'à la suite de cet ajustement, le pouvoir d'achat des travailleurs a régressé. En effet, les salaires nominaux ont baissé, mais le niveau général des prix est revenu à son niveau initial. La baisse du coût réel du travail compense donc exactement l'augmentation des coûts de production associée au choc pétrolier. Il faut bien en effet que quelqu'un paie la facture. En l'occurrence, ce sont les travailleurs qui supportent la totalité du coût d'ajustement. Pourquoi les travailleurs sont-ils censés accepter cette charge ? D'une part, parce qu'ils finissent par réaliser que la réduction du pouvoir d'achat est la condition du maintien de leur emploi. D'autre part, parce qu'ils sont plus sensibles aux variations de leur ***revenu permanent*** (cf. chapitre 1, section 3, B.) qu'à celles de leur ***revenu courant*** : il est rationnel d'accepter un coût transitoire en échange du maintien de l'emploi et donc du maintien des revenus futurs.

En conclusion : les chocs sur l'offre (comme les chocs sur la demande) n'ont éventuellement d'effets pervers que dans le court terme. L'économie retourne d'elle-même vers l'équilibre général de plein-emploi. La politique économique est donc inutile.

LA LOGIQUE KEYNÉSIENNE

Si le court terme était très court, peut-être le processus décrit ci-dessus serait-il politiquement acceptable. Si, d'une part, les travailleurs acceptaient, dès l'apparition des premiers chômeurs, une baisse des salaires nominaux proportionnelle à l'augmentation des coûts de production, et si, d'autre part, les entreprises rabaissaient leurs prix dès les premières baisses de salaires, le passage par le point B (et le chômage) serait très bref.

Mais, pour les nombreuses raisons évoquées plus haut, il y a peu de chances pour que les prix et salaires réagissent aussi vite et n'aient que des effets favorables à la reprise de l'activité et de l'emploi. Dès lors, on peut craindre que le passage par le point B soit durable. De plus, si les baisses de salaires ont d'abord des effets pervers sur la demande et l'emploi, le processus d'ajustement classique peut entraîner momentanément un recul encore plus marqué de la demande globale et une poussée encore plus importante du chômage. Ce processus risque d'être non seulement plus long que prévu, mais aussi plus coûteux.

Il est donc utile d'étudier les mérites éventuels d'une stratégie plus interventionniste. Sur la figure 31, on voit qu'une politique keynésienne de relance pourrait déplacer la demande globale de D_0 en D_1 pour atteindre le point C. Certes, cela renforce l'inflation, mais on évite la récession de la production et la montée du chômage. Notons qu'au point C, comme au point A, les salaires réels ont baissé. Mais cette fois, la baisse du coût réel du travail a été obtenue par la hausse des prix, avec un salaire nominal inchangé : les travailleurs ne semblent pas finalement mieux traités, quelle que soit la stratégie adoptée. Cependant, la stratégie keynésienne présente deux atouts. D'une part, elle évite la confrontation directe entre employeurs et employés qu'exige une renégociation des salaires nominaux à la baisse. L'inflation est un moyen plus diffus et plus simple de réduire les salaires réels. D'autre part, quitte à devoir payer la facture, les travailleurs préfèrent la stratégie keynésienne, qui a du moins le mérite de leur éviter la période d'ajustement par le chômage. Plus les délais associés au processus d'ajustement classique sont longs, et plus la stratégie de relance de la demande présente d'avantages.

LE PROBLÈME DE FOND : LE PARTAGE DE LA VALEUR AJOUTÉE

Admettons que le gouvernement ait adopté la stratégie de relance de la demande pour compenser l'effet dépressif du choc pétrolier. Le nouveau point d'équilibre est donc le point C. Mais cet équilibre risque fort d'être instable. Les travailleurs finissent par réaliser tout à fait l'ampleur de la hausse des prix et comprennent que le recul de leur pouvoir d'achat a permis à la nation de payer la totalité de la facture. On peut alors s'attendre à ce qu'ils réclament des hausses de salaires nominaux pour déplacer une partie du coût sur les employeurs. Ces derniers essaieront à leur tour de reporter les hausses de salaires qu'ils devront concéder sur de futures hausses de prix, et ainsi de suite. L'économie peut s'enfermer dans une spirale d'inflation par les coûts.

Notons que ce problème n'est pas spécifique à la stratégie keynésienne. Il se pose exactement dans les mêmes termes si l'on part du point A sur la figure 31. En ce point en effet, il n'y a aucune raison pour que les travailleurs, qui ont dû supporter une période plus ou moins longue de montée du chômage et accepter des baisses de salaires pour rétablir l'emploi, tolèrent indéfiniment de supporter seuls les coûts associés au choc pétrolier. Là aussi, ils finiront par réclamer des hausses de salaires nominaux et par enclencher une spirale d'inflation par les coûts.

Quelle que soit la réaction politique initiale au choc pétrolier, le coût entraîné par ce dernier doit être payé d'une manière ou d'une autre. Une attitude de laisser-faire peut déboucher sur un cycle d'affrontements entre salariés et employeurs, chacun parvenant à son tour à rétablir momentanément sa part dans la valeur ajoutée. Le rétablissement d'un équilibre stable suppose un partage du coût jugé équitable par les parties en présence.

Sur la figure 31, une stratégie de partage des coûts peut consister à stimuler la demande et à freiner le recul de l'offre de façon à atteindre un point situé entre A et C. La relance de la demande incombe au gouvernement. La maîtrise du recul de l'offre globale peut résulter d'une diminution du taux de marge acceptée par les producteurs. Les profits et le pouvoir d'achat régressent, chacun supportant une partie du coût d'ajustement.

C. L'arbitrage inflation-chômage

LA LOGIQUE KEYNÉSIENNE EN ÉCHEC : LA STAGFLATION

La plupart des pays industrialisés ont connu une relation inflation-chômage relativement stable durant les années 1950 et 1960. La politique économique pouvait donc se déplacer le long de la courbe de Phillips, en arbitrant tantôt en faveur de l'emploi, tantôt en faveur de la stabilité des prix, selon l'état de la conjoncture et les priorités politiques.

Mais, durant les années 1970 et 1980, la courbe de Phillips disparaît. Au lieu d'une courbe continûment décroissante, on constate, dans la plupart des pays, que la courbe de Phillips ne subsiste que sur de courtes période de trois à quatre ans et se déplace vers le haut. On ne peut donc plus abaisser le chômage à un niveau donné au prix d'une inflation ***plus élevée***, mais au prix d'une inflation ***de plus en plus élevée***. À long terme, dans le meilleur des cas, le chômage ne diminue pas et l'inflation s'accélère. Il n'est pas rare aussi d'observer une aggravation simultanée du chômage et de l'inflation.

Cette situation, que l'on a qualifiée de « stagflation », semble remettre directement en cause la stratégie keynésienne de relance par la demande. Dans l'Europe des années 1970 d'ailleurs, les tentatives de relance de la demande n'empêchent pas la montée du chômage mais contribuent certainement à alimenter une forte inflation.

L'INTERPRÉTATION CLASSIQUE ET MONÉTARISTE DE LA STAGFLATION

Dans les logiques classique et monétariste, la courbe d'offre est verticale à long terme. On ne peut donc augmenter la production et l'emploi et réduire le chômage en échange d'une inflation plus élevée. À long terme, l'arbitrage inflation-chômage n'existe pas ; la courbe de Phillips est verticale. Cependant, l'existence d'une courbe d'offre croissante à court terme donne momentanément la possibilité de développer la production et l'emploi en stimulant la demande. L'arbitrage keynésien existe éventuellement dans le court terme, mais disparaît à long terme.

Or l'horizon des décideurs politiques est souvent plus court que celui des économistes : à l'approche d'une élection, une politique de relance qui parvient à réduire temporairement le chômage peut s'avérer politiquement rentable, même si, à long terme, elle est impuissante à abaisser durablement le chômage. Des politiques de relance de la demande peuvent donc être mises en œuvre, bien qu'elles aient pour seul effet durable une accélération de l'inflation qui ne freine pas la progression du chômage.

■ L'arbitrage existe à court terme

Sur la figure 32, nous partons du point A situé sur la courbe de Phillips CP_1. Le taux d'inflation est $\dot{P}_1$, et le taux de chômage U_1 est au niveau compatible avec la stabilité de l'inflation (U_1 = NAIRU). Admettons, pour simplifier, que la productivité moyenne est constante. Dans ce cas, U_1 est égal au taux de chômage naturel et l'économie se trouve au plein-emploi. Toutefois, pour des raisons politiques, le gouvernement peut tenter de réduire le taux de chômage en deçà du taux naturel ; il cherche donc à augmenter le produit intérieur, par exemple à l'aide d'une politique monétaire expansionniste. Cette politique déplace la demande globale vers la droite. À court terme, l'offre est croissante : la pression de la demande entraîne donc une augmentation simultanée de la production et du niveau général des prix.

Figure 32

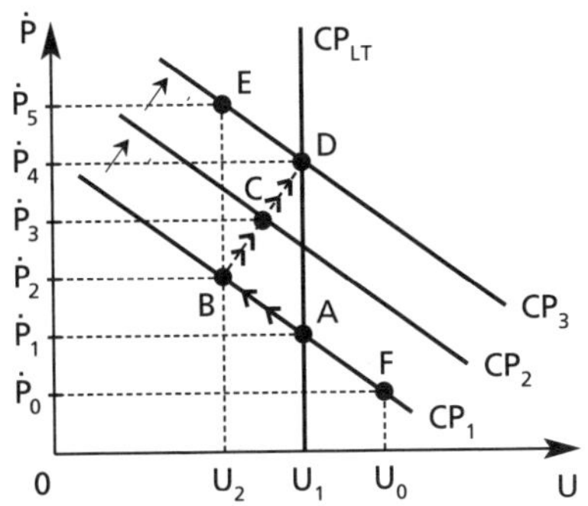

La hausse des prix, pour un salaire nominal (w) inchangé, abaisse le coût réel du travail. En conséquence, les entreprises augmentent leur demande de travail ; sur le marché du travail, le nombre de postes à pourvoir et les salaires nominaux augmentent. Mais les travailleurs n'anticipent pas immédiatement la hausse des prix en cours ; pour travailler davantage, ils exigent une hausse de w qui ne tient compte que du taux d'inflation ***passé*** et non pas du taux d'inflation actuel, plus élevé ; ils interprètent la hausse de w comme une progression du pouvoir d'achat ; les chômeurs volontaires vont donc accepter plus rapidement les emplois proposés ; de leur côté, les employeurs acceptent de développer l'emploi puisque la hausse des salaires nominaux reste inférieure à celle des prix. En conséquence, l'emploi augmente et le chômage diminue en deçà de son niveau naturel. On se déplace vers le point B, sur la courbe de Phillips CP_1.

L'arbitrage disparaît à long terme

Mais à moyen et long terme, l'économie ne peut rester au point B. En effet, sur le marché du travail, les individus anticipent progressivement la hausse des prix provoquée par la politique monétaire. À chaque fois qu'ils corrigent leur anticipation du taux d'inflation, ils exigent des hausses compensatrices des salaires nominaux. Le coût réel du travail se met alors à augmenter et amène les entreprises à réduire l'emploi et la production (la courbe d'offre de court terme se déplace vers la gauche). La réduction de l'offre fait monter davantage encore le niveau général des prix. L'inflation et le chômage augmentent en même temps. Sur la figure 32, à moyen terme, la courbe de Phillips se déplace vers la droite, et passe par plusieurs courbes de court terme comme CP_2. On atteint successivement plusieurs équilibres intermédiaires, comme le point C. Mais, au point C, par exemple, l'inflation plus élevée qu'au point B sera anticipée par les travailleurs au cours de la période suivante ; ils exigeront alors une nouvelle hausse de w qui réduira l'offre et entraînera une nouvelle progression des prix et du chômage. Le processus se poursuivra tant que le chômage sera en deçà de son niveau naturel. De période en période, l'anticipation de plus en plus précise de l'inflation conduira les travailleurs à obtenir une progression des salaires nominaux identique à celle des prix. À ce moment-là, les salaires réels étant revenus à leur niveau initial (celui qui prévalait au point A), l'offre et la demande de travail sont revenues à leur point de départ. L'emploi et le chômage reviennent à leur niveau naturel (au point D). Seule l'inflation a augmenté.

Une fois parvenu au point D, cependant, le gouvernement peut tenter à nouveau de réduire le chômage en se déplaçant le long de la courbe de Phillips CP_3. Il devra alors se déplacer vers le point E et accepter un taux d'inflation $\dot{P}_5$ qui ne permettra, une fois encore, qu'une réduction temporaire du chômage et enclenchera une nouvelle phase d'accélération de l'inflation.

■ L'arbitrage peut disparaître même à court terme

Dans l'optique monétariste, on parvient à réduire temporairement le taux de chômage au prix d'une inflation sans cesse accélérée qui surprend les travailleurs dans leurs anticipations de prix et les conduit à travailler davantage en dépit du recul de leur pouvoir d'achat.

Mais selon la théorie des anticipations rationnelles, ce processus est incompatible avec la rationalité supposée des travailleurs. Si les anticipations sont rationnelles, les travailleurs connaissent le fonctionnement de l'économie et savent exactement, à l'instant même où le gouvernement annonce une politique monétaire expansionniste, comment vont progresser les prix. Ils n'ont pas besoin d'attendre la publication des prochains indices de prix pour prévoir qu'une augmentation de la masse monétaire en situation de plein-emploi ne peut avoir d'autres effets que l'inflation.

En conséquence, sur la figure 32, on se déplace le long de la courbe de Phillips de long terme (CP_{LT}). Dès l'annonce de la politique monétaire, au point A, les travailleurs demandent une augmentation des salaires proportionnelle à celle de la masse monétaire. Les employeurs ne peuvent que répercuter cette hausse sur les prix et maintenir l'emploi et la production au niveau initial. Seule l'inflation augmente. La politique de relance est totalement inefficace, même à court terme.

LES LIMITES DES INTERPRÉTATIONS CLASSIQUE ET MONÉTARISTE

La démonstration développée ci-dessus est en grande partie tautologique. En effet, on part d'une situation de plein-emploi, où par définition aucune politique de lutte contre le chômage n'est nécessaire, pour conclure que, dans ce cas, une politique de lutte contre le chômage est inefficace !

La logique keynésienne n'implique en aucune manière que l'on relance la demande en situation de plein-emploi mais seulement lorsqu'existe un sous-emploi des facteurs, et plus particulièrement un chômage provoqué par une réduction de la demande globale. Une situation keynésienne typique implique que le taux de chômage effectif soit supérieur au taux de chômage naturel : sur la courbe CP_1, on ne part pas du point A, mais d'un autre point situé sur sa droite : le point F, par exemple. Dans une telle situation, il existe des chômeurs involontaires, c'est-à-dire disposés à occuper immédiatement des emplois au taux de salaire actuellement payé par les employeurs. Autrement dit, il existe un potentiel de main-d'œuvre supplémentaire utilisable à très court terme sans qu'il soit nécessaire d'augmenter les salaires nominaux pour l'attirer dans les entreprises. Si la demande globale repart, les employeurs peuvent augmenter l'emploi sans augmenter les salaires nominaux. On se déplace de F vers A. La hausse des prix provoquée par la pression de la demande abaisse le coût réel du travail dans les entreprises. En A, le coût réel du travail est inférieur à ce qu'il était en F : l'augmentation de l'emploi est donc définitive, et non temporaire.

LES ANTICIPATIONS RATIONNELLES RENFORCENT L'EFFICACITÉ DES POLITIQUES

On comprend que les chômeurs acceptent de retrouver un emploi pour un salaire nominal inchangé. Mais, dans le processus de relance décrit ci-dessus, on peut éventuellement craindre que les travailleurs épargnés par le chômage ne réclament des hausses de salaires quand l'inflation augmente de $\dot{P}_0$ à $\dot{P}_1$. Cependant, cette inflation succède à une désinflation qui, tandis que l'économie passait de A en B et que de nombreux collègues se retrouvaient au chômage, augmentait le pouvoir d'achat de ceux qui conservaient leur emploi. La perte de pouvoir d'achat associée à la période d'inflation a été compensée par anticipation durant la période de désinflation. Si les anticipations sont rationnelles, les salariés savent très bien que globalement, leur pouvoir d'achat n'a pas varié, et que leur salaire réel est au niveau qui garantit la stabilité de leur emploi.

Nous débouchons ici sur sur un résultat essentiel de l'analyse. La rationalité des anticipations renforce l'efficacité de la politique économique ! Contrairement aux conclusions de la théorie des anticipations rationnelles, l'inefficacité de la politique économique n'est pas le résultat du mode de formation des anticipations, mais des hypothèses sur le fonctionnement de l'économie. Dans une économie maintenue en permanence au plein-emploi par une flexibilité infinie des prix et salaires, la politique économique est inefficace quel que soit le mode de formation des anticipations. Simplement, cette inefficacité se révèle plus rapidement quand les anticipations sont rationnelles parce que l'on ne peut pas tromper les agents sur les effets réels des politiques. En revanche, dans une économie en sous-emploi et où les ajustements par les prix sont lents et incertains, la politique économique peut être efficace. Si les anticipations sont rationnelles, les agents savent que la politique est efficace et leurs décisions ne peuvent qu'accélérer les effets de cette politique.

LES SOURCES MULTIPLES DE LA STAGFLATION

Les interprétations classique et monétariste laissent entendre que la responsabilité de la stagflation incombe d'abord aux politiques keynésiennes de lutte contre le chômage. Or il importe de reconnaître que ce phénomène peut avoir d'autres sources. À chaque fois qu'un phénomène relance l'inflation indépendamment du niveau de chômage, ou bien élève le taux de chômage quelle que soit l'inflation, la courbe de Phillips se déplace vers le haut et l'on obtient un résultat identique à celui de l'interprétation monétariste. Nous soulignerons ici certains de ces phénomènes.

Les chocs d'offre

Une hausse exogène des coûts de production déplace la courbe d'offre globale vers la gauche et entraîne simultanément une hausse des prix et une récession de la production et de l'emploi. Or la période des années 1970, où s'est manifesté le plus clairement le phénomène de stagflation, a justement été marquée par deux chocs pétroliers en six ans (1973-1974 et 1979-1980). Ces chocs représentent une ponction sur le revenu de certaines nations ; ils posent donc un problème de répartition de ce coût entre les producteurs et les salariés. Dans bien des pays, ce problème relance un conflit latent entre les partenaires sociaux à propos du partage équitable de la valeur ajoutée, et débouche sur une spirale inflationniste : hausses de prix => hausses de salaires => hausses de prix, etc.

La montée des causes structurelles du chômage et de l'inflation

De nombreux observateurs considèrent que la mutation des économies industrialisées au cours des années 1950 et 1960 a développé des sources structurelles d'inflation : tertiarisation, développement des services non marchands, concurrence monopolistique, etc. (cf. l'ouvrage de D. Flouzat cité en bibliographie). Par ailleurs, une part non négligeable du chômage européen est liée aux mutations technologiques, aux délais d'ajustement des systèmes d'éducation, aux délais de reconversion des travailleurs issus des secteurs en déclin, etc. Ainsi, pour une part, le chômage et l'inflation peuvent se développer séparément et indépendamment de la politique conjoncturelle.

De plus, la stagflation est le ***résultat macroéconomique*** d'une réalité microéconomique souvent différente. Certains secteurs, en pleine expansion, travaillent au maximum de leurs capacités de production : ils ne connaissent pas le chômage, mais des pressions sur les prix en raison d'une demande excédentaire. D'autres secteurs, en difficulté, ont des capacités inutilisées faute de débouchés et/ou faute d'une rentabilité suffisante : leurs prix sont stabilisés par le déclin de la demande, mais le chômage augmente rapidement. Ainsi, bien souvent, dans chaque secteur particulier, l'inflation ne se développe pas en même temps que le chômage. Mais quand certains secteurs connaissent une forte inflation, et d'autres, un taux de chômage élevé, et quand les chômeurs des uns ne peuvent devenir, faute de qualifications adaptées, les salariés des autres, on obtient la stagflation ***au plan macroéconomique***.

Taux de marge, taux de change et profitabilité à court terme

J.-P. Fitoussi et J. Le Cacheux ont proposé une interprétation intéressante du déplacement de la courbe de Phillips vers le haut. Nous avons vu qu'une élévation du taux de marge des producteurs déplace la courbe d'offre vers le haut et agit donc exactement comme un choc sur les coûts de production : chaque niveau de production (et donc d'emploi et de chômage) est alors associé à un taux d'inflation plus élevé. Autrement dit, la courbe de Phillips de court terme se déplace également vers le haut.

Fitoussi et Le Cacheux introduisent dans la fonction d'offre globale deux variables susceptibles d'influencer le taux de marge : « le taux d'intérêt réel et le taux de change. Nous avons expliqué que les producteurs devaient arbitrer entre les profits présents attachés à un taux de marge élevé et les profits futurs associés à un taux de marge faible améliorant la compétitivité des entreprises. Or le taux d'intérêt réel mesure la préférence pour le présent : plus il est élevé, plus les agents préfèrent des profits immédiats à des profits futurs (parce que 100 F aujourd'hui sont d'autant plus préférables à 100 F demain que le taux d'intérêt est élevé). La hausse des taux d'intérêt réels incite donc les producteurs à privilégier les profits présents et à élever leur taux de marge. Par ailleurs, le taux de change est un indicateur de pression concurrentielle dans une économie très ouverte à l'extérieur et où les principales entreprises sont moins menacées par une concurrence nationale que par une concurrence internationale. Une appréciation de la monnaie nationale détériore la compétitivité internationale des produits nationaux et accentue la pression de la concurrence : elle incite à réduire les taux de marge. Inversement, une dépréciation améliore la compétitivité internationale, atténue la pression de la concurrence étrangère et autorise un relèvement des marges.

La conclusion de cette analyse est que la conjonction d'une monnaie dépréciée et de taux d'intérêt réels élevés devrait entraîner un relèvement important du taux de marge qui, rappelons-le, déplace la courbe de Phillips vers le haut. Or c'est précisément la conjonction de phénomènes qui a caractérisé la situation de certains pays européens, dont la France, durant les années 1980. La persistance de taux d'intérêt réels élevés pourrait donc détériorer les conditions de l'arbitrage inflation-chômage » (cf. *Observations et Diagnostics économiques*, n° 29, octobre 1989).

UNE SYNTHÈSE NÉOCLASSIQUE ET KEYNÉSIENNE

Quelles que soient les réserves présentées ci-dessus, l'approche classique a cependant le mérite d'attirer l'attention sur les effets pervers d'une erreur de diagnostic qui amène à appliquer à un problème un instrument de politique économique inadapté. Ainsi, si l'essentiel du chômage ne provient pas d'une insuffisance de la demande mais d'un coût du travail trop élevé (chômage classique) ou d'une formation des chômeurs inadaptée aux emplois disponibles (chômage structurel), une relance de la demande aura les effets prédits par l'approche classique : la pression sur la demande accélère l'inflation mais n'a aucun effet sensible sur le taux de chômage.

Un arbitrage existe entre l'inflation et le chômage keynésien (chômage associé à une demande insuffisante). Mais l'inflation et la relance de la demande n'ont pas d'effet durable sur le chômage classique et le chômage structurel. La plupart des économistes s'entendent désormais pour admettre que ces différents types de chômage coexistent et qu'il convient, en conséquence, de combiner plusieurs types de politiques.

Figure 33

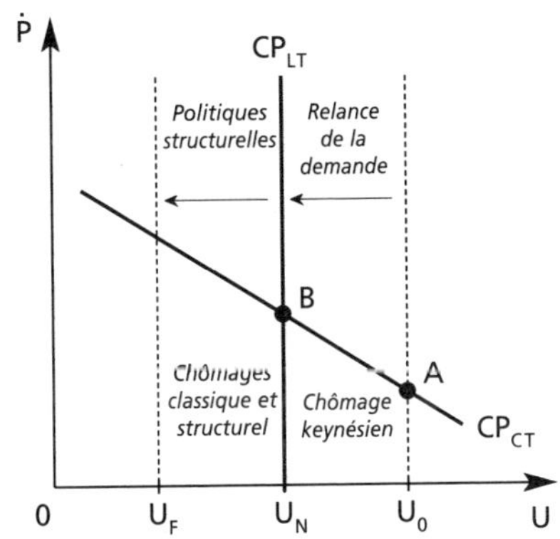

Sur la figure 33, on indique les taux de chômage effectif (U_0), naturel (U_N) et frictionnel (U_F). Les deux lignes en pointillés délimitent la zone d'intervention nécessaire des pouvoirs publics.

Le taux de chômage comprend tout d'abord une composante keynésienne ($U_0 - U_N$). Pour lutter contre cette composante, il convient de stimuler la demande pour acheminer l'économie du point A au point B. Une fois qu'on est parvenu au point B, la relance de la demande ne peut plus réduire le chômage, si ce n'est temporairement. En ce point, la courbe de Phillips devient verticale à long terme. Toutefois, le fait d'être au niveau naturel du taux de chômage n'implique nullement l'abandon de toute politique économique. En effet, ***ce taux naturel inclut trois types de chômage*** (cf. chapitre 1) :

– chômage ***classique***, dû à des salaires réels trop élevés ;

– chômage ***structurel***, lié à des mutations dans la structure de la demande et de l'offre globales qui rendent les qualifications de certains travailleurs obsolètes et inadaptées aux besoins des secteurs susceptibles de créer des emplois ;

– chômage ***frictionnel*** (U_F), qui correspond à la mobilité volontaire des travailleurs, mobilité indispensable au fonctionnement efficace du marché du travail ; il s'agit du seul chômage contre lequel aucune politique économique n'est requise.

À gauche du point A, on doit donc renoncer aux politiques conjoncturelles, mais pas à toute politique. On peut chercher à abaisser les composantes classique et structurelle du taux de chômage par des politiques structurelles : formation et reconversion des travailleurs, politique des revenus pour rétablir les salaires réels à un niveau compatible avec le plein-emploi et limiter la substitution du capital au travail. Ces politiques visent à déplacer la courbe de Phillips de long terme vers la gauche.

LA CONTRAINTE EXTÉRIEURE

La synthèse évoquée ci-dessus laisse entendre qu'il est théoriquement possible d'éliminer la composante keynésienne du chômage en pratiquant une politique de stimulation de la demande globale. Toutefois, cette politique risque de se heurter à la contrainte extérieure.

Nous avons précisé plus haut pourquoi l'équilibre de la balance des transactions courantes (BTC) constituait une contrainte pour l'économie, du moins à moyen et long terme. Dans le tome 1, nous avons montré les limites des mécanismes de rééquilibrage automatique de la balance des paiements par les prix ou par les taux de change. On a également indiqué les limites des manipulations discrétionnaires des taux de change officiels. Lorsque aucun de ces instruments n'est en mesure de corriger rapidement un déséquilibre de la balance des transactions courantes, il ne reste que la régulation de la demande globale qui agit directement sur le niveau des importations. Mais alors, on peut se retrouver dans les deux situations de dilemme (excédent-inflation et déficit-chômage) où la régulation de la demande, qui agit en sens inverse sur les équilibres interne et externe, ne peut assurer les deux en même temps (cf. chapitre 5).

Ainsi, en situation de sous-emploi, dans un pays dont les échanges sont équilibrés ou déficitaires, la politique keynésienne bute sur la contrainte extérieure. Toute relance de la demande contribue à réduire le chômage keynésien mais entraîne inéluctablement un déficit extérieur qui, le plus souvent, contraint finalement à réduire ultérieurement la dépense intérieure. Cette contrainte n'a pas constitué un obstacle majeur dans les années 1950 et 1960, durant lesquelles les économies industrialisées s'ouvraient progressivement à la concurrence internationale. Mais elle a fini par jouer pleinement à partir des années 1970, au moment précis où les pouvoirs publics auraient souhaité disposer de marges de manœuvre étendues pour faire face à la montée simultanée de l'inflation et du chômage.

La contrainte extérieure est d'autant plus forte que les principaux partenaires commerciaux du pays qui relance la demande ne stimulent pas en même temps ou, pire, freinent leur propre demande intérieure. À cet égard, l'exemple français de 1981-1982 reste exemplaire : un gouvernement élu sur un programme de relance par la demande et donnant la priorité à la lutte contre le chômage, s'est trouvé dans l'impossibilité de poursuivre une politique expansionniste plus d'un an, en raison du déficit extérieur massif sur lequel elle débouchait.

LA NÉCESSITÉ D'UNE COOPÉRATION INTERNATIONALE

La seule façon de desserrer la contrainte extérieure réside dans une ***coordination internationale des politiques économiques***. Si des pays fortement ouverts entre eux relancent conjointement leur demande intérieure, une part importante de la contrainte extérieure est levée : chaque pays augmente sa demande pour les produits de ses voisins; chaque pays voit donc ses importations augmenter, mais ses exportations suivent le même mouvement.

Il existe cependant des obstacles à la mise en œuvre de politiques coordonnées. La situation politique et l'opinion publique peuvent conduire, dans chaque pays, à des arbitrages différents entre les objectifs de la politique économique. De plus, les chocs macroéconomiques peuvent être asymétriques : les difficultés auxquels sont confrontés les différents pays ne sont pas identiques et appellent des politiques divergentes. Les décideurs politiques sont ainsi pris en tenaille entre la nécessité de coopérer avec les partenaires étrangers pour assurer l'efficacité conjointe de leurs politiques conjoncturelles, et le désir de préserver une certain pouvoir autonome pour répondre aux exigences spécifiques de leurs électeurs.

5

Le modèle IS-LM-BP

L'équilibre général en économie ouverte

Dans une économie ouverte, il faut ajouter une nouvelle condition d'équilibre : l'équilibre de la balance des paiements, qui sera représentée par une courbe BP venant s'ajouter aux courbes IS (marché des biens) et LM (marché monétaire). Notons que l'équilibre de la balance des paiements signifie qu'il n'y a ni entrées ni sorties nettes de devises et que le marché des changes est donc en équilibre. La courbe BP représente donc simultanément l'équilibre de la balance des paiements et du marché des changes.

L'exposé qui suit suppose parfaitement maîtrisés les concepts et analyses développés dans le tome 1 aux chapitres 6 et 7 – qui traitent des mécanismes relatifs au marché des changes et à la balance des paiements.

1. La construction du modèle

A. Incidence de l'ouverture extérieure sur IS et LM

INCIDENCE SUR LA COURBE IS

Si l'on tient compte des échanges extérieurs, la condition d'équilibre du marché des biens et services (équation 3 du chapitre 3) devient :

$$Y = C_0 + cY + bi + G + X - M \qquad \ldots(1)$$

Dans le tome 1, nous avons explicité les fonctions d'importation (M) et d'exportation (X) sous la forme :

$$X = X(e_r, Y^*) = x_1 e_r + x_2 Y^*$$

$$M = M(e_r, Y) = m_1 e_r + m_2 Y$$

En remplaçant X et M par leur valeur dans (1), on obtient :

$$Y = C_0 + cY + bi + G + x_1 e_r + x_2 Y^* - m_1 e_r - m_2 Y \qquad ...(2)$$

d'où : $$Y - cY + m_2 Y = C_0 + bi + G + x_1 e_r + x_2 Y^* - m_1 e_r$$

et : $$bi = Y(1 - c + m_2) - (C_0 + G + x_1 e_r + x_2 Y^* - m_1 e_r)$$

ce qui donne finalement i en fonction de Y :

$$i = \frac{s + m_2}{b} Y - \frac{1}{b} (C_0 + G + x_1 e_r + x_2 Y^* - m_1 e_r) \qquad ...(3)$$

La relation (3) est l'équation de IS en économie ouverte. La pente est $(s + m_2/b)$ au lieu de (s/b) ; elle est donc toujours négative, mais plus forte qu'en économie fermée (en valeur absolue). Concrètement, cela signifie qu'une même variation du taux d'intérêt a un impact sur Y plus fort en économie fermée qu'en économie ouverte. Pourquoi en va-t-il ainsi ? La propension à importer réduit le multiplicateur d'investissement parce qu'une partie des variations de la demande intérieure stimule la production étrangère et non le produit intérieur. Aussi les variations de l'investissement induites par les mouvements de i ont-elles un effet stimulant sur le produit intérieur plus faible en économie ouverte.

La position de IS est également modifiée par des variables extérieures. Ainsi, une augmentation autonome de l'activité et de la demande à l'étranger (Y^*) déplace IS vers la droite. Une augmentation du taux de change réel stimule les exportations ($x_1 e_r$ augmente) et freine les importations ($m_1 e_r$ diminue) ; la demande étrangère nette augmente donc et IS se déplace vers la droite.

Rappelons que le taux de change réel est : $e_r = \frac{eP^*}{P}$.

En conséquence, une dépréciation du taux de change nominal (hausse de e) ou une élévation des prix étrangers par rapport aux prix intérieurs (P^*/P) déplacent IS vers la droite, tandis qu'une appréciation (baisse de e) ou une baisse des prix étrangers par rapport aux prix intérieurs déplacent IS vers la gauche.

INCIDENCE SUR LA COURBE LM

En économie ouverte, nous devons tenir explicitement compte de l'éventuelle incidence des réserves de change sur l'offre de monnaie. Comme nous l'avons montré au chapitre 3, on peut décomposer la masse monétaire M en deux composantes : crédit interne (CIN) et réserves de change (RES). L'offre réelle de monnaie est donc :

$$\frac{M}{P} = \frac{CIN + RES}{P} \qquad ...(4)$$

Nous avons ôté la barre sur le M pour signaler que M n'est plus déterminée de façon exogène par la politique monétaire interne. ***En régime de changes parfaitement fixes***, les variations des réserves de change ont une influence directe sur la création monétaire :

– Un excédent des paiements extérieurs se traduit par une entrée nette de devises que le système bancaire devra convertir à un taux constant en monnaie nationale : l'offre réelle de monnaie augmente et LM se déplace vers la droite.

– Un déficit des paiements extérieurs se traduit par une sortie nette de devises que le système bancaire devra offrir à un taux constant contre la monnaie nationale. Cette transformation de monnaie nationale en devises réduit l'offre réelle de monnaie et LM se déplace vers la gauche.

En régime de changes fixes, donc, la position de LM dépend de l'équilibre des paiements extérieurs.

En revanche, ***en régime de changes parfaitement flexibles***, LM est indépendant de la balance des paiements. En effet, le taux de change s'ajuste instantanément et complètement jusqu'à l'élimination de toute demande ou offre nette de devises; la balance des paiements n'a donc pas d'incidence sur la monnaie nationale en circulation; la position de LM n'est influencée que par la politique monétaire interne ou le niveau général des prix.

B. Construction de la courbe BP

Reprenons la condition d'équilibre de la balance des paiements (cf. tome 1) :

$$BP = BTC + BCA = 0 \qquad ...(5)$$

Le revenu (Y) est l'un des facteurs déterminants de la balance des transactions courantes (BTC). Le taux d'intérêt est l'un des facteurs déterminants de la balance des capitaux (BCA). En conséquence, pour un taux d'intérêt étranger (i^*) et un taux de change réel (e_r) donnés, l'équilibre de la balance des paiements est déterminé par une combinaison de Y et de i.

CONSTRUCTION LOGIQUE DE LA COURBE

> ***La courbe BP représente l'ensemble des combinaisons de taux d'intérêt et de revenu qui sont compatibles avec l'équilibre de la balance des paiements globale (BTC + BCA). Elle décrit une relation croissante entre i et Y.***

Pour établir la nature croissante de cette relation, examinons les conséquences d'une élévation du produit intérieur (Y) sur la balance des paiements.

On part d'une situation d'équilibre externe, c'est-à-dire où BP = 0 : le point A sur la figure 34. Si Y augmente de Y_0 à Y_1 (point B), la propension à importer positive implique une élévation des importations. En revanche, cela ne modifie pas la demande étrangère ; pour un niveau inchangé des exportations, l'élévation de Y entraîne un déficit de la balance des transactions courantes : au point B, BTC < 0.

Figure 34

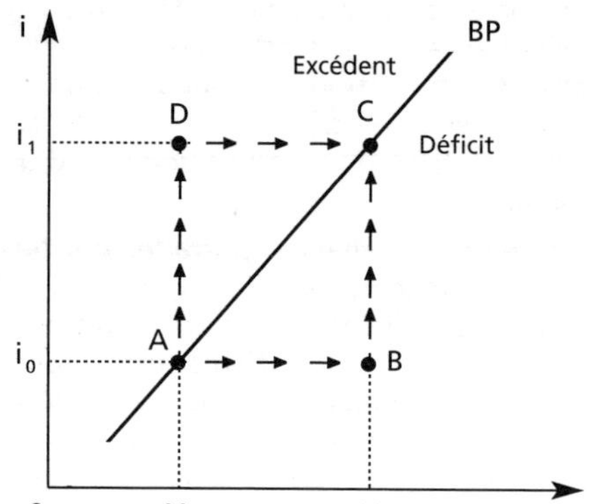

Pour financer le déficit des transactions courantes, la nation doit emprunter des capitaux étrangers. La demande supplémentaire de capitaux étrangers élève le taux d'intérêt national par rapport au taux étranger (sinon, les capitaux étrangers n'ont aucune incitation à répondre à cette demande supplémentaire). La hausse de i se poursuivra jusqu'à ce que l'entrée nette de capitaux (l'excédent de BCA) compense exactement le déficit de BTC (on se déplace du point B au point C). Un revenu Y plus élevé suppose donc un taux d'intérêt plus élevé pour maintenir l'équilibre de la balance des paiements : la relation entre i et Y est croissante.

On peut également établir cette relation en raisonnant à partir d'une élévation du taux d'intérêt. La hausse de i_0 à i_1 entraîne des entrées de capitaux étrangers et un excédent de BCA. Au point D, BP est excédentaire. Le retour de BP à l'équilibre suppose un déficit de BTC qui compense exactement l'excédent de BCA. Le déficit de BTC suppose une augmentation de Y qui stimule les importations (on se déplace du point D au point C). Là encore, Y et i doivent varier dans le même sens pour maintenir l'équilibre de BP.

Notons que tout point situé à gauche de BP implique :

– soit un taux d'intérêt trop élevé pour un revenu donné, et donc des entrées nettes de capitaux qui engendrent un excédent de la balance des capitaux ;

– soit un revenu trop faible pour un taux d'intérêt donné, et donc des importations trop faibles qui amènent un excédent de la balance des transactions courantes.

À gauche de BP, on a donc un excédent de la balance des paiements. Inversement, à droite de BP, le taux d'intérêt et les entrées de capitaux sont trop faibles et/ou le revenu et les importations sont trop forts pour équilibrer BP : on a un déficit de la balance des paiements.

CONSTRUCTION FORMELLE DE LA COURBE

Au chapitre 3, nous avons déjà développé les différentes composantes de la condition d'équilibre de la balance des paiements. On peut donc expliciter (9) sous la forme :

$$BTC + BCA = X(e_r, Y^*) - M(e_r, Y) + Rn_{RDM} + BCA\,(i - i^* + \hat{e}) = 0 \quad ...(6)$$

Pour simplifier l'analyse, nous négligerons Rn_{RDM}. Il s'agit de transferts publics et des revenus de facteurs de production. Ces derniers dépendent, d'une part, de la quantité de capital et de travail étrangers utilisée dans le pays, et, d'autre part, de la quantité de capital et de travail nationaux utilisée à l'étranger. Sans modifier sérieusement l'analyse, on peut considérer que Rn_{RDM} est déterminé par des facteurs exogènes à court terme, et peu affecté par des variations modérées de Y et i.

Par ailleurs, nous retiendrons la formulation linéaire proposée au chapitre 3 pour les équations d'importations, d'exportations et de balance des capitaux. On peut donc réécrire (6) :

$$\underbrace{(x_1 e_r + x_2 Y^*)}_{X} - \underbrace{(m_1 e_r + m_2 Y)}_{M} + \underbrace{k\,(i - i^* + \hat{e})}_{BCA} = 0 \quad ...(7)$$

La courbe BP représente i en fonction de Y. Aussi allons-nous réécrire (7) en exprimant i comme une fonction de Y :

$$ki - ki^* + k\hat{e} = -(x_1e_r + x_2Y^*) + (m_1e_r + m_2Y)$$
$$= -x_1e_r - x_2Y^* + m_1e_r + m_2Y$$

ou encore : $ki = ki^* - k\hat{e} - x_1e_r - x_2Y^* + m_1e_r + m_2Y,$

ce qui donne, en divisant par k des deux côtés :

$$i = i^* - \hat{e} + (1/k)(-x_1e_r - x_2Y^* + m_1e_r) + (m_2/k)Y \qquad ...(8)$$

La relation (8) est l'équation de la courbe BP. Elle est de la forme $y = ax + b$; il s'agit donc d'une droite comprenant une partie constante indépendante de Y et une partie variable en fonction de Y. La pente de cette droite est m_2/k et l'on vérifie qu'elle est positive. En effet, l'élasticité-revenu des importations est positive (donc $m_2 > 0$) et l'élasticité-intérêt des entrées nettes de capitaux est positive (donc $k > 0$) ; le coefficient m_2/k est donc toujours positif ; la courbe BP est croissante.

C. Interprétation et déplacement de la courbe BP

INTERPRÉTATION DE LA PENTE DE BP

À l'aide de la figure 35, étudions la signification concrète d'une pente forte ou faible de BP.

On examine les effets sur le taux d'intérêt d'une variation du revenu ΔY. On constate qu'une même variation de Y a un effet important sur i (Δi_1) quand la pente de BP est forte et un effet limité (Δi_2) quand la pente de BP est faible. Ce phénomène est le résultat de deux mécanismes :

1°) L'élévation du revenu accroît les importations et engendre un déficit de la balance des transactions courantes. Le déficit de BTC à financer sera d'autant plus élevé que la demande d'importations est élastique au revenu.

2°) Le déficit de BTC augmente la demande de capitaux étrangers, ce qui élève le taux d'intérêt national par rapport aux taux d'intérêt étrangers. La hausse du taux d'intérêt sera faible si les capitaux sont très mobiles et très élastiques au taux d'intérêt. Sinon, il sera

Figure 35

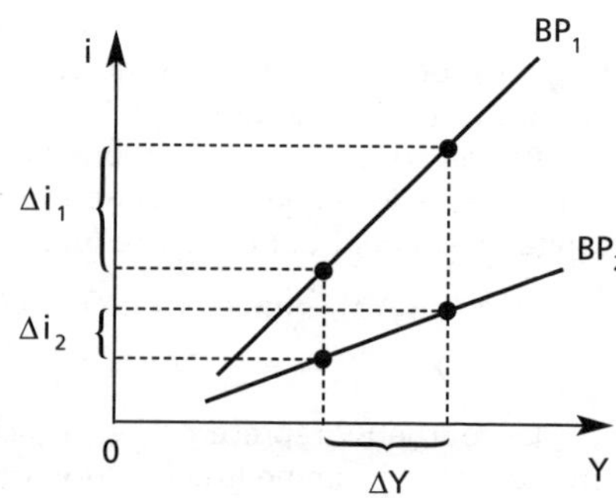

nécessaire d'élever très nettement le taux d'intérêt national pour parvenir à déplacer des capitaux étrangers.

La pente de BP et l'effet sur le taux d'intérêt sont donc d'autant plus forts que la demande d'importations est ***élastique au produit intérieur*** et que l'offre de capitaux est ***inélastique au taux d'intérêt***.

Nous vérifions formellement ce résultat dans l'équation (8) qui définit la courbe BP. La pente de BP (le coefficient de Y dans l'équation) est en effet : m_2/k. La pente m_2/k est d'autant plus élevée que m_2 est fort et que k est faible. La pente de BP est ainsi complètement déterminée par deux indicateurs d'ouverture extérieure de l'économie, l'un, ***d'ouverture commerciale***, m_2, l'autre, ***d'ouverture financière,*** k.

Pour la suite de l'exposé, il est utile de distinguer, sur la figure 36, trois cas de figure selon le degré de mobilité des capitaux.

Figure 36-a

Absence de mouvements de capitaux

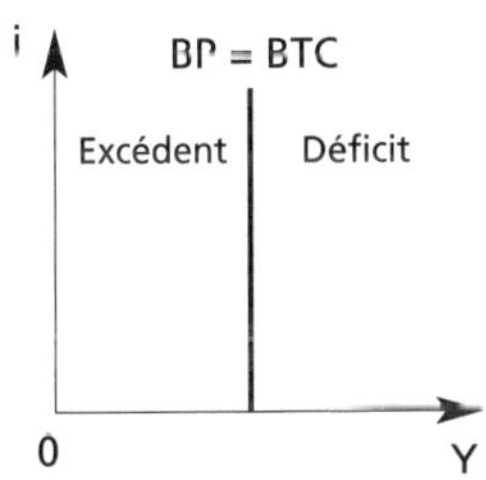

Figure 36-b

Parfaite mobilité des capitaux

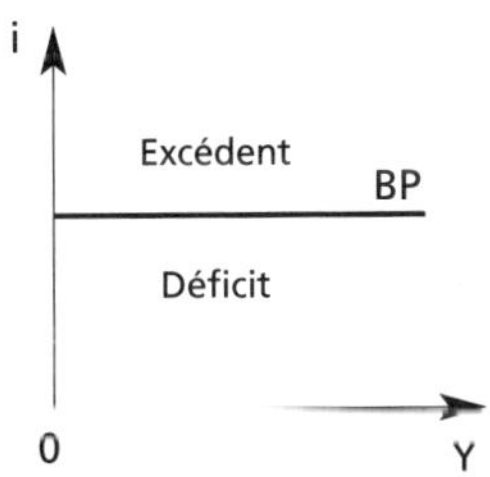

Figure 36-c

Mobilité imparfaite des capitaux

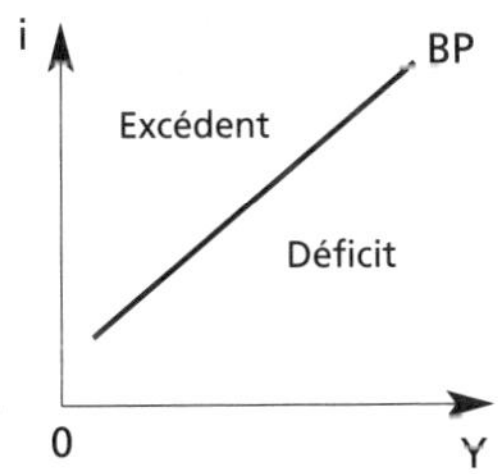

– ***Les capitaux peuvent tout d'abord être immobiles :*** absence de connexions entre les marchés financiers nationaux ou réglementations interdisant les échanges de capitaux avec des non-résidents. Dans ce cas extrême, les capitaux deviennent insensibles au taux d'intérêt (k tend vers zéro) ; les variations du taux d'intérêt sont donc sans effet sur l'équilibre extérieur et BP est une droite verticale (figure 36-a). Notons que s'il n'existe pas de mouvements de capitaux, la balance des paiements se confond avec la balance des transactions courantes (BP = BTC). La droite BP représente donc ici tout simplement l'équilibre de la balance des transactions courantes. Notons que ce même schéma devra être utilisé lorsqu'il existe des mouvements de capitaux mais que le gouvernement se fixe pour objectif de politique économique un équilibre de BTC.

– ***Un autre cas extrême est constitué par la parfaite mobilité internationale des capitaux.*** Les capitaux sont alors infiniment élastiques au taux d'intérêt : une minuscule variation de i entraîne une réaction infiniment grande des capitaux. Dans ce cas, le taux d'intérêt est en fait complètement indépendant de l'équilibre interne et du revenu national; il correspond au taux d'intérêt international dont il est impossible de s'écarter parce que la réaction instantanée et infinie des capitaux maintient un prix unique sur le marché international. La courbe BP est alors une droite horizontale (figure 36-b).

Dans l'équation (8), si l'élasticité des capitaux au taux d'intérêt est infinie ($k = \infty$), $1/k$ et m_2/k s'annulent, l'équation devient alors : $i = i^* - \hat{e}$.

Le taux d'intérêt est simplement égal au taux d'intérêt international corrigé par la dépréciation ou l'appréciation éventuellement anticipée de la monnaie nationale.

– ***Le cas intermédiaire*** (plus conforme à la réalité) est enfin celui d'une ***mobilité imparfaite, plus ou moins grande, des capitaux*** (figure 36-c).

INTERPRÉTATION DE LA POSITION DE BP

Une variable déplace la courbe BP vers la gauche si elle augmente le taux d'intérêt (i), quel que soit le niveau de Y. Un déplacement vers la droite a des causes symétriques.

Dans l'équation 8 nous pouvons identifier les variables qui agissent sur i indépendamment de toute variation de Y : il s'agit de Y^*, e_r, i^* et $\hat{e}$. La position de BP dépend donc de la demande étrangère, du taux de change réel, du taux d'intérêt étranger et des anticipations sur le taux de change.

■ La demande étrangère (Y^*)

Une augmentation du PIB étranger ($\Delta Y^* > 0$) stimule la demande étrangère et donc les exportations de la nation. Il s'ensuit un excédent de la balance des transactions courantes. L'équilibre de la balance des paiements suppose donc un déficit compensateur de la balance des capitaux. Les entrées de devises liées à l'excédent de BTC entraînent une augmentation de l'offre de monnaie et donc une baisse du taux d'intérêt. La baisse de i entraîne des sorties de capitaux vers l'étranger ; elle se poursuit jusqu'à ce que le déficit de BCA compense l'excédent de BTC. Donc, quel que soit Y, une augmentation de Y^* abaisse le taux d'intérêt : BP se déplace vers la droite. Inversement, une baisse de Y^* déplace BP vers la gauche.

■ Le taux de change réel (e_r)

Une augmentation du taux de change réel augmente la compétitivité des produits nationaux; elle stimule donc les exportations, freine les importations et engendre un excédent des transactions courantes. L'équilibre de BP suppose alors un déficit de la balance des capitaux. L'offre excédentaire de monnaie associée à l'excédent de BTC abaisse le taux d'intérêt; la baisse de i provoque des sorties nettes de capitaux et un déficit de BCA qui compense l'excédent des transactions courantes. La hausse de e_r amène donc une baisse de i quel que soit Y : BP se déplace vers la droite.

N'oublions pas que e_r est le produit du taux de change nominal (e) par le rapport du niveau général des prix étrangers et intérieurs (P / P*) :

$$e_r = \frac{e\,P^*}{P}.$$

La hausse de e_r (ou la baisse) qui déplace BP vers la droite (ou vers la gauche) peut donc provenir de l'une de ces trois composantes. Ainsi, on peut dire que, toutes choses étant égales par ailleurs :

– Une *dépréciation* ou une dévaluation de la monnaie (hausse de e), ou une *élévation des prix étrangers* ou une *baisse des prix nationaux*, déplacent ***BP vers la droite***.

– Une *appréciation* ou une réévaluation, une *baisse des prix étrangers* ou une *hausse des prix nationaux*, déplacent ***BP vers la gauche***.

■ Le taux d'intérêt étranger

Une augmentation de i* attire les capitaux vers l'étranger. Les sorties de capitaux entraînent un déficit de BCA. Pour rétablir l'équilibre de BP avec un taux d'intérêt inchangé, il faut un excédent de BTC qui compense le déficit de BCA; cet excédent suppose une réduction des importations et donc une réduction du produit intérieur. Quel que soit i, il faut que Y soit plus faible. L'équilibre peut aussi être rétabli, pour un niveau inchangé de Y, si le taux d'intérêt national s'élève de façon à compenser la hausse de i*. Dans les deux cas, la courbe BP se déplace vers la gauche.

■ Le taux de change anticipé

Imaginons qu'un événement quelconque accentue la dépréciation anticipée du taux de change (ê est négatif et augmente en valeur absolue). Partant d'une situation d'équilibre de BP, les agents n'accepteront de détenir le même volume de capitaux en monnaie nationale que si une hausse du taux d'intérêt national compense la nouvelle perte de change anticipée. L'équilibre de BP suppose donc un taux d'intérêt plus élevé, quel que soit Y : BP se déplace vers la gauche.

À titre mnémotechnique, on retiendra ceci :

– tout facteur qui « améliore » la balance des paiements (favorise les entrées de devises) déplace BP vers la droite;

– tout facteur qui « détériore » la balance des paiements (favorise les sorties de devises) déplace BP vers la gauche.

2. Dilemmes de politique économique

A. La contradiction entre équilibre interne et équilibre externe

LES DIFFÉRENTS CAS DE FIGURE DANS LE MODÈLE IS-LM-BP

Selon que le pays a un excédent ou un déficit extérieur, et selon qu'il est en situation de sous-emploi ou d'inflation, ***quatre situations*** sont envisageables : sous-emploi-excédent; sous-emploi-déficit; inflation-excédent; inflation-déficit.

Il est commode de visualiser ces situations dans le schéma IS-LM. Sur la figure 37, à gauche de Y_{pe} il y a sous-emploi et à droite, inflation; à gauche de BP, il y a excédent des paiements extérieurs, et à droite de BP, déficit. On découpe ainsi l'espace en quatre zones correspondant aux quatre situations possibles de l'économie.

Figure 37

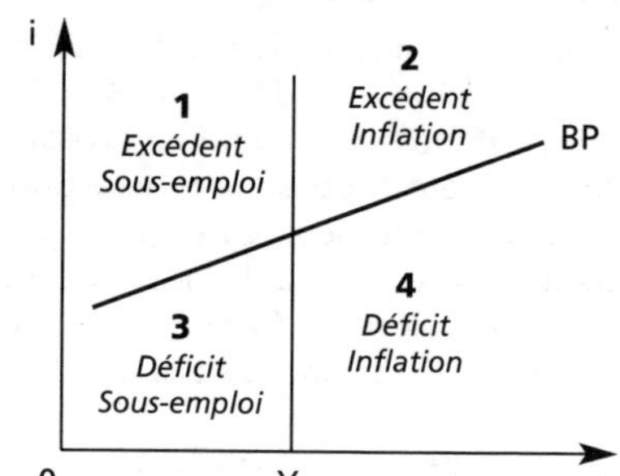

Cependant, comme nous le montrerons plus loin, l'objectif d'équilibre externe est souvent formulé en termes de balance des transactions courantes. En effet, l'équilibre de la balance des paiements globale peut être trompeur parce qu'il masque l'endettement extérieur du pays, qui sert éventuellement à financer le déficit des échanges extérieurs. Quand BTC est déficitaire, l'endettement extérieur du pays s'accroît. Et la dette ne pourra être remboursée que si la nation dégage ultérieurement une capacité de financement dans ses échanges avec le reste du monde, c'est-à-dire un excédent de BTC.

Si tel n'est pas le cas, le pays tombe dans le piège de la dette et se trouve contraint de continuer à emprunter, non plus pour financer des achats à l'étranger mais seulement pour rembourser les dettes passées. À long terme, donc, il existe une réelle contrainte d'équilibre de BTC. C'est pourquoi les pouvoirs publics considèrent le plus souvent l'équilibre des paiements courants comme l'objectif pertinent de la politique économique.

Comme nous l'avons montré plus haut, l'équilibre de BTC est représenté par une droite verticale dont la position dépend uniquement du revenu. Notons que cette représentation de BTC est identique à celle de BP quand les capitaux ne sont pas mobiles : dans ce cas en effet, la courbe BP est une droite verticale et la balance des paiements est tout simplement la balance des transactions courantes. C'est donc un modèle IS-LM-BTC que nous utilisons ci-dessous pour examiner les dilemmes de politique économique.

LE DILEMME D'UN PAYS STRUCTURELLEMENT DÉFICITAIRE

Sur la figure 38, nous représentons le cas d'un pays dont la balance des paiements est structurellement déficitaire.

Nous désignons par Y_{btc} le niveau de revenu pour lequel la balance des transactions courantes est équilibrée.

Le pays a une tendance structurelle au déficit extérieur. Le développement de son activité est tiré par la demande intérieure, et sa propension à importer est forte. Il ne peut s'approcher du plein-emploi sans développer un déficit des paiements courants. On se situe donc dans le cas où Y_{btc} est très inférieur au revenu qui assure le plein-emploi (Y_{pe}).

Figure 38

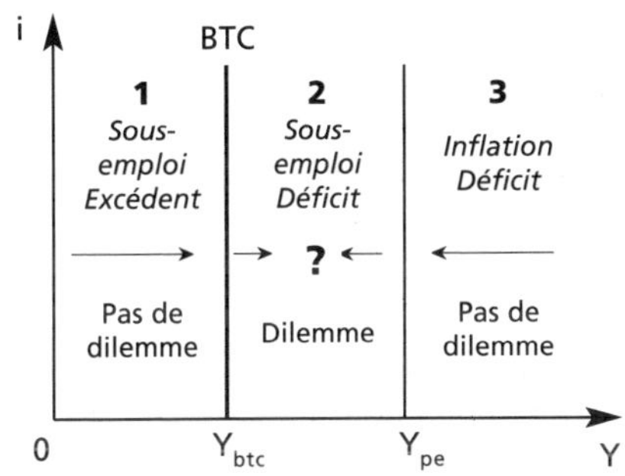

Rappelons que le pays est déficitaire si le revenu d'équilibre se situe à droite de BTC ; il est excédentaire si le revenu d'équilibre se situe à gauche de BTC. On découpe ainsi les situations possibles en trois zones :

– En zone 1, une expansion du revenu est nécessaire pour résorber l'excédent des transactions courantes, mais elle rapproche également du plein-emploi.

– En zone 3, la réduction du revenu nécessaire pour résorber le déficit des transactions courantes freine également l'inflation.

Dans les zones 1 et 3, il n'y a donc pas de dilemme de politique économique. Le sens de la politique à mener est, sans ambiguïté, celui indiqué par les flèches, puisqu'il permet de se rapprocher simultanément des équilibres interne et externe.

– En revanche, en zone 2, l'équilibre interne et l'équilibre externe sont contradictoires. Le gouvernement doit choisir entre une récession qui réduit le déficit mais aggrave le chômage, et une expansion qui rapproche du plein-emploi mais creuse le déficit extérieur.

LE DILEMME D'UN PAYS STRUCTURELLEMENT EXCÉDENTAIRE

La figure 39 représente la situation d'un pays dont la balance des transactions courantes est structurellement excédentaire. Le niveau de revenu nécessaire pour avoir une balance des transactions courantes équilibrée (Y_{btc}) est supérieur au revenu qui assure le plein-emploi.

On vérifie qu'il n'y a pas de dilemme dans les zones 1 et 3.

– En zone 1, la politique doit être clairement expansionniste puisque l'excédent et le chômage sont réduits simultanément.

– De même, en zone 3, la politique doit manifestement être restrictive puisque l'inflation et le déficit diminuent de concert.

– Dans la zone 2, en revanche, il y a un dilemme. Une politique restrictive freine l'inflation mais accentue l'excédent extérieur ; une politique expansionniste réduit l'excédent mais accélère l'inflation.

Figure 39

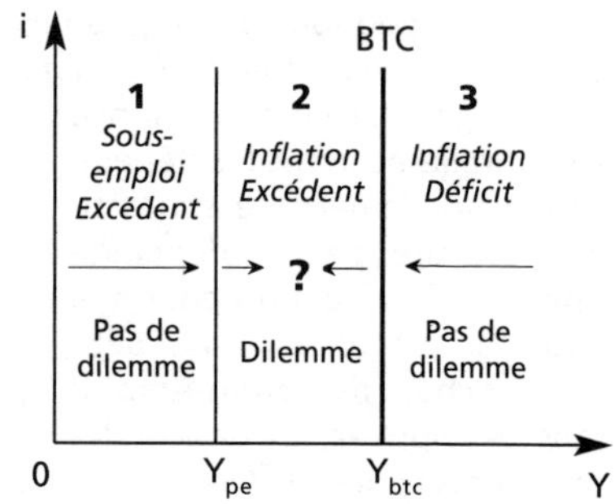

Les situations de dilemme ne sont pas une vue de l'esprit. Il y a des raisons pour que le déficit se développe plutôt dans les pays qui luttent en priorité contre le chômage, et que l'excédent apparaissent dans les pays qui s'attaquent en priorité à l'inflation : les premiers tolèrent plus d'inflation et stimulent davantage l'activité que les seconds ; la compétitivité-prix est donc moindre et la demande d'importations plus forte chez les premiers que chez les seconds ; les premiers ont tendance au déficit, et les seconds à l'excédent. Ainsi, durant les années 1970-1980, la France avait plutôt tendance au déficit des transactions courantes et à l'aggravation rapide du chômage, tandis que son principal partenaire commercial, la RFA, avait tendance à l'excédent et, n'étant pas confronté à un problème de sous-emploi aussi aigu, privilégiait plutôt la lutte contre l'inflation. Les deux pays se trouvaient ainsi chacun avec une priorité interne différente (le plein-emploi en France, la stabilité des prix en Allemagne), ce qui ne pouvait qu'alimenter le déséquilibre permanent des échanges entre eux. La France préférait le déficit au chômage et l'Allemagne préférait l'excédent à l'inflation. Une attitude coopérative aurait pu conduire l'Allemagne et la France à accepter respectivement un peu plus d'inflation et un peu plus de chômage pour partager la charge du retour à l'équilibre externe. Tel n'a pas été le cas. La contrainte qu'exerce le déficit, en régime de changes fixes, étant plus immédiate que celle exercée par l'excédent, c'est le pays déficitaire qui supporte logiquement la charge de l'ajustement. La contrainte extérieure conduit alors le pays déficitaire à aligner ses objectifs sur ceux du pays excédentaire.

B. L'arbitrage délicat entre changes fixes et changes flexibles

LA FIXITÉ DES CHANGES, RESPONSABLE DES DILEMMES

La contradiction entre les objectifs internes et externes de la politique économique est liée au régime de change. L'obligation de maintenir le taux de change fixe conduit à transformer un déficit en réduction de la masse monétaire parce que la banque centrale doit racheter la monnaie en circulation contre des devises à un prix constant; elle force à transformer un excédent en expansion de la masse monétaire parce que la banque centrale doit céder la monnaie nationale contre des devises à un prix constant. Si la flexibilité des prix était infinie, comme le supposait le modèle classique et néoclassique, on pourrait s'attendre à ce que ces variations de la quantité de monnaie aient des effets très rapides sur les prix et peu d'effets réels sur l'emploi et la production (conformément à la théorie quantitative de la monnaie). Si, en outre, les demandes étaient suffisamment élastiques par rapport aux prix, les écarts d'inflation entre les pays suffiraient à rétablir l'équilibre des échanges extérieurs. Le rééquilibrage des balances des paiements n'entrerait pas en contradiction avec la recherche de l'équilibre interne. On tirerait alors pleinement avantage de la stabilité des taux de change qui, en réduisant l'incertitude sur la valeur finale des échanges, favorise le développement du commerce international. On comprend pourquoi bien des économistes classiques ou néoclassiques, qui croyaient en les vertus équilibrantes des fluctuations de prix, étaient favorables à des taux de change fixes dans un système d'étalon-or qui transforme immédiatement le solde de la balance des paiements en mouvement de la masse monétaire (entrées ou sorties d'or).

Mais dans l'économie réelle, la flexibilité des prix ne garantit pas le retour instantané à l'équilibre des marchés, et les économies ne sont pas en permanence au plein-emploi. En situation de sous-emploi, les variations de la masse monétaire induites par le solde de la balance des paiements ont à court terme des effets réels sur la production et l'emploi : l'ajustement à un déficit éloigne du plein-emploi tandis que l'ajustement à un excédent en rapproche. Dans ce contexte, tout le monde préfère avoir un excédent plutôt qu'un déficit. Si les différents pays adoptent une attitude non coopérative, la préférence pour l'excédent risque en outre de favoriser des pratiques protectionnistes dommageables pour tous.

LA SOLUTION APPARENTE AUX DILEMMES : LES CHANGES FLEXIBLES

En régime de changes flexibles, la banque centrale n'intervient plus sur le marché des changes pour maintenir le taux de change. Si la balance des paiements est déficitaire, il en résulte une demande nette de devises étrangères qui fait instantanément monter le taux de change (dépréciation); le taux de change montera jusqu'à ce que le déficit (la demande excédentaire de devises) ait disparu.

Dans ce contexte, les deux dilemmes évoqués ci-dessus semblent pouvoir être résolus automatiquement.

– ***Le premier dilemme (sous-emploi-déficit).*** Le déficit entraîne une dépréciation du taux de change, ce qui abaisse le prix international des exportations et élève le prix intérieur des importations. Il devrait s'ensuivre une hausse des exportations et une baisse des importations. Le déficit est donc progressivement résorbé. Par ailleurs, le développement des exportations exerce un effet stimulant sur le produit intérieur et l'emploi : on se rapproche aussi du plein-emploi.

– ***Le second dilemme (inflation-excédent).*** L'excédent provoque une appréciation du taux de change qui rend les prix des produits nationaux moins compétitifs. Les exportations diminuent; les importations augmentent. L'excédent extérieur est progressivement résorbé. Le recul des exportations freine l'activité intérieure, ce qui contribue à faire reculer l'inflation.

En théorie donc, la flexibilité des changes permet d'éviter certains dilemmes rencontrés en régime de changes fixes. Les mouvements des taux de change servent en quelque sorte de substituts aux mouvements des prix internes insuffisamment flexibles à court terme. Toutefois, l'efficacité des variations du taux de change suppose que les importations et les exportations répondent instantanément aux variations de prix induites par les appréciations ou les dépréciations du taux de change. Or nous avons déjà souligné qu'il y avait plutôt lieu d'être pessimiste à ce sujet (cf. le problème des élasticités et de la courbe en J, tome 1).

En outre, nous n'avons tenu compte jusqu'ici que de mécanismes spontanés susceptibles de se mettre en œuvre selon les différents régimes de change. Il convient de tenir compte des politiques monétaires et budgétaires discrétionnaires décidées par le gouvernement. C'est précisément l'objet du chapitre suivant.

6

Politiques monétaire et budgétaire en économie ouverte

Dans le modèle keynésien à prix fixes, on suppose que les prix restent inchangés quand la production augmente, tant que l'on ne dépasse pas le revenu réel de plein-emploi (Y_{pe}). Dans ce cadre, le problème de l'inflation ne se pose pas dans une économie qui connaît chômage et récession. Inversement, le chômage n'existe pas dans une situation d'inflation puisque cette dernière n'apparaît qu'au-delà du plein-emploi.

Le problème de l'arbitrage entre les deux objectifs de lutte contre le chômage et l'inflation est donc étranger au modèle IS-LM-BP. La politique économique n'est ici confrontée qu'à deux problèmes : l'équilibre interne et l'équilibre externe.

Plus précisément, la politique économique vise à atteindre simultanément le plein-emploi des facteurs de production et l'équilibre de la balance des paiements. Nous avons déjà souligné au chapitre précédent que, dans certaines circonstances, les deux objectifs paraissent contradictoires et ne peuvent être poursuivis simultanément. Le présent chapitre étudie dans quelle mesure et dans quelles conditions ce dilemme de la politique économique peut être surmonté.

Comme nous le verrons, les conditions dans lesquelles s'exerce la contrainte extérieure varient sensiblement selon le degré de mobilité internationale des capitaux. Nous mènerons donc notre étude successivement dans deux cas de figure : ***parfaite mobilité*** (section 1) et ***mobilité imparfaite des capitaux*** (section 2), avant d'en tirer les conclusions pour la ***combinaison optimale des politiques macroéconomiques*** (section 3).

1. Les politiques avec une mobilité parfaite des capitaux

La parfaite mobilité des capitaux implique qu'à chaque instant il existe des capitaux susceptibles de se déplacer instantanément d'un pays à un autre, à la recherche de la meilleure rémunération possible. Le volume de ces capitaux est suffisant pour qu'aucun pays particulier ne puisse maintenir un taux d'intérêt différent (i) du taux d'intérêt international (i*) éventuellement corrigé par la variation anticipée du taux de change (ê). Pour simplifier l'exposé, nous négligerons les anticipations et considérerons que le taux d'intérêt national (i) est contraint de s'ajuster au taux d'intérêt international (i*). Si i est momentanément supérieur à i*, il se produit des entrées massives de capitaux ; si i est momentanément inférieur à i*, il se produit des sorties massives de capitaux ; les entrées et les sorties se poursuivent tant que l'écart de taux d'intérêt subsiste. Comme nous l'avons montré au chapitre 5, dans ce contexte, la courbe BP est une droite horizontale fixée au niveau du taux d'intérêt international.

A. Régime de changes fixes

Le taux de change est strictement fixé par les interventions de la banque centrale sur le marché des changes. Tout déficit de BP se traduit donc par une sortie de devises vendues par la banque centrale à un taux constant contre la monnaie nationale : la masse monétaire diminue et LM se déplace vers la gauche. Inversement, tout excédent se traduit par une entrée nette de devises converties à un taux constant contre la monnaie nationale : la masse monétaire augmente et LM se déplace vers la droite.

LA POLITIQUE MONÉTAIRE

Sur la figure 40, nous partons du point d'équilibre général A. Le gouvernement tente d'atteindre l'objectif de revenu Y_1. Il pratique donc une politique monétaire expansionniste, qui déplace la courbe LM en LM_1. Sur le marché monétaire intérieur, le taux d'intérêt diminue jusqu'à i_1. Mais la chute de i entraîne des sorties de capitaux et un déficit de la balance des paiements. En conséquence, le taux de change tend à se déprécier sur le marché des changes. La banque centrale intervient alors pour empêcher la dépréciation : elle achète la monnaie nationale contre des devises et réduit ainsi la monnaie en circulation. L'offre réelle de monnaie se trouve donc réduite et LM se déplace vers la gauche. Ce mouvement continuera tant qu'il existe des sorties de capitaux qui tendent à alimenter le déficit extérieur et à déprécier le taux de change, c'est-à-dire tant que la courbe LM n'est pas revenue à son point de départ, en LM_0. Le point B n'est qu'un équilibre très temporaire. La politique monétaire est impuissante à augmenter durablement le revenu d'équilibre. On constate la même impuissance dans le sens de la restriction : toute restriction du crédit intérieur élève le taux d'intérêt national et attire des capitaux étrangers tant que l'offre de monnaie et le taux d'intérêt ne sont pas revenus à leur niveau initial.

Figure 40

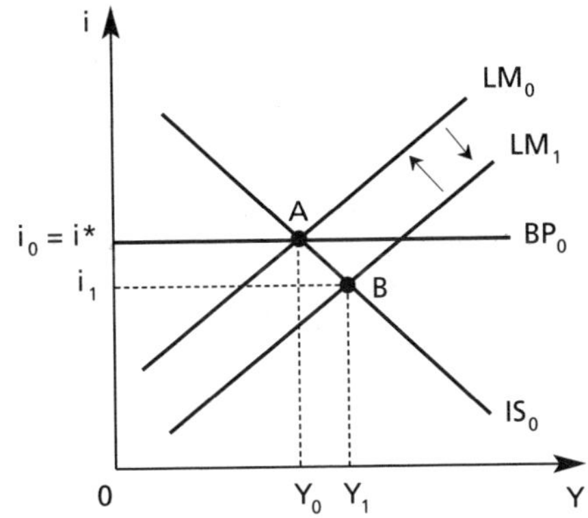

LA POLITIQUE BUDGÉTAIRE : L'ÉVICTION INTERNATIONALE

En revanche, en régime de changes fixes, la politique budgétaire paraît plus efficace. Sur la figure 41, le gouvernement pratique une politique de dépenses publiques qui déplace IS en IS_1. On passe momentanément du point A au point B. Le revenu augmente en raison de l'effet multiplicateur des dépenses publiques. Sur le marché monétaire, la demande de monnaie supplémentaire associée à l'expansion des transactions entraîne le taux d'intérêt vers le haut.

La hausse de i en i_1 attire les capitaux étrangers. Les entrées de capitaux alimentent alors un excédent de la balance des paiements, et le taux de change tend à s'apprécier. Pour éviter l'appréciation, la banque centrale doit acheter toutes les devises offertes contre la monnaie nationale à un prix constant : elle augmente la monnaie en circulation et LM se déplace vers la droite. Le mouvement se poursuit tant qu'il existe une incitation à l'entrée des capitaux, c'est-à-dire jusqu'à

Figure 41

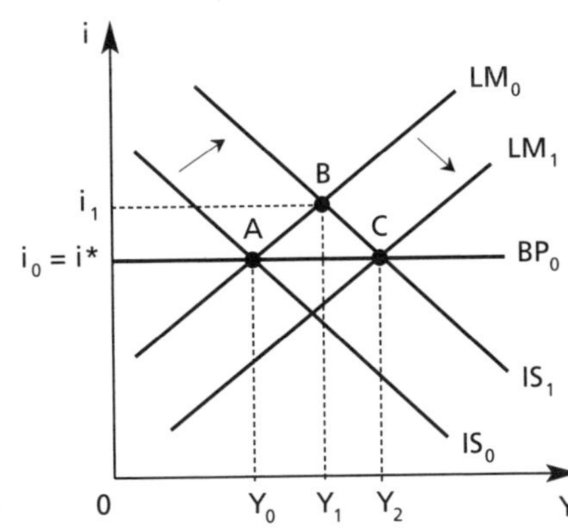

ce que l'offre de monnaie interne ait suffisamment augmenté pour ramener le taux d'intérêt national à parité avec le taux d'intérêt international. LM se déplace donc jusqu'en LM_1 et l'on atteint le nouvel équilibre au point C.

La politique budgétaire est efficace parce que l'effet multiplicateur initial (de A à B), loin d'être contrarié par l'ouverture extérieure, est renforcé par l'obligation d'offrir plus de monnaie pour éviter la dépréciation du taux de change. En économie fermée, le nouveau point d'équilibre (en B) implique un taux d'intérêt plus élevé et donc un investissement privé plus faible : il se produit une éviction de l'investissement privé au profit des dépenses publiques. En économie ouverte, et en régime de changes fixes, cette éviction est évitée parce que la politique monétaire est contrainte à être ***accommodante*** et à augmenter l'offre de monnaie jusqu'à ce que i soit revenu à son niveau initial. Toutefois, si l'éviction est évitée au plan interne, elle ne l'est pas au plan international. En effet, pour passer du point A au point C, il a fallu attirer massivement des capitaux étrangers, c'est-à-dire absorber une part plus importante de l'épargne mondiale qui aurait autrement servi à financer des investissements à l'étranger. Le pays qui pratique cette politique évince donc l'investissement chez ses partenaires au profit de l'investissement national. La mobilité des capitaux, en régime de changes fixes, rompt l'indépendance macroéconomique des nations.

On constate à présent que la parfaite mobilité des capitaux rend à nouveau possible la recherche simultanée des équilibres interne et externe. Il convient seulement d'affecter chaque instrument de la politique économique au bon objectif. La politique monétaire discrétionnaire est inopérante dans la recherche de l'équilibre interne. Il convient donc d'utiliser la politique budgétaire pour la recherche du plein-emploi. Par ailleurs, pour assurer l'équilibre de la balance des paiements, il suffit d'une politique monétaire neutre qui ne contrarie pas les variations de la masse monétaire induite par les entrées ou les sorties de capitaux.

B. Régime de changes flexibles

Nous examinons à présent les mêmes politiques, quand les capitaux sont parfaitement mobiles, mais avec un taux de change qui s'ajuste instantanément et librement jusqu'à l'élimination de tout déséquilibre de la balance des paiements. En régime de changes flexibles, la création monétaire interne devient indépendante de la balance des paiements. La courbe LM ne réagit plus au solde de la balance des paiements. Le déficit ou l'excédent extérieur, au lieu de se traduire par des achats ou des ventes de devises contre monnaie nationale par la banque centrale, entraînent une dépréciation ou une appréciation du taux de change jusqu'à la disparition du déséquilibre des paiements extérieurs. Il n'y a plus un niveau unique de revenu qui assure l'équilibre externe. Désormais, tous les niveaux du revenu réel permettent l'équilibre externe puisque, quel que soit Y, le taux de change s'ajuste instantanément dès qu'apparaît une tendance au déficit ou à l'excédent extérieur.

LA POLITIQUE MONÉTAIRE

La figure 42 présente au départ une situation analogue à celle de la figure 40. Une politique monétaire expansionniste conduit du point A au point B. Le taux d'intérêt a baissé et les sorties de capitaux impliquent une tendance au déficit et à la dépréciation du taux de change. En régime de changes fixes, l'obligation d'empêcher la dépréciation provoquait le retour de LM à son point de départ.

Figure 42

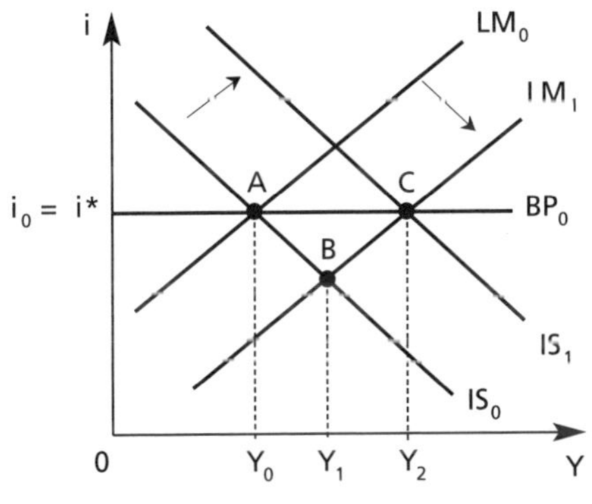

À présent, cette obligation étant levée, la dépréciation du taux de change se produit effectivement. Elle améliore la compétitivité-prix des produits nationaux; les exportations augmentent et les importations diminuent; la demande étrangère nette est donc supérieure et IS se déplace vers la droite. Il se produit donc un excédent de la balance des transactions courantes qui compense progressivement le déficit de la balance des capitaux. Le mouvement se poursuit tant qu'il subsiste une tendance au déficit de la balance des paiements globale et à la dépréciation. IS doit donc se déplacer jusqu'en IS_1 où la pression exercée par la croissance sur la demande de monnaie a fait remonter le taux d'intérêt à son niveau initial : les sorties de capitaux cessent, le déficit de la balance de capitaux se stabilise et est compensé par un excédent équivalent des paiements courants.

La politique monétaire, qui était inefficace en régime de changes fixes, redevient efficace en régime de changes flexibles. Ses effets stimulants sont même renforcés par l'ouverture extérieure de l'économie parce qu'à l'effet stimulant initial de la baisse du taux d'intérêt vient s'ajouter une relance des exportations impulsée par la dépréciation de la monnaie. Toutefois, il importe de noter là encore que les effets de cette politique ne sont pas neutres pour le reste du monde, qui accuse un déficit des transactions courantes et un endettement accru vis-à-vis de la nation considérée.

LA POLITIQUE BUDGÉTAIRE : L'ÉVICTION PAR LE TAUX DE CHANGE

La figure 43, ci-dessous, présente au départ une situation analogue à celle de la figure 41. Une politique budgétaire expansionniste conduit du point A au point B. Le taux d'intérêt a monté et les entrées de capitaux impliquent une tendance à l'excédent et à l'appréciation du taux de change. En régime de changes fixes, l'obligation d'empêcher l'appréciation provoquait une création monétaire supplémentaire, c'est-à-dire un déplacement de LM vers la droite renforçant l'effet stimulant de la politique budgétaire (vers le point C).

Figure 43

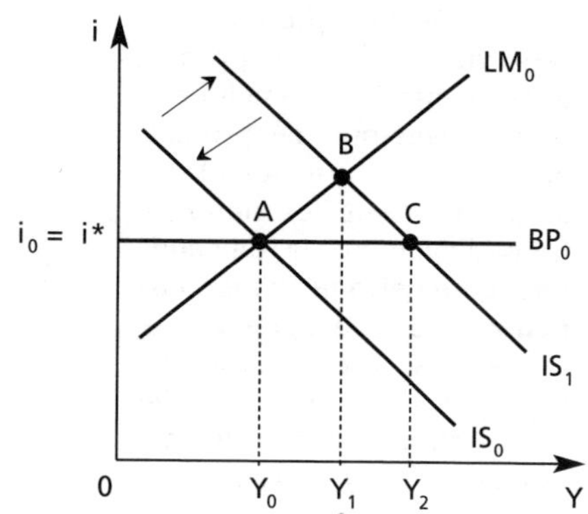

Mais en régime de changes flexibles, l'appréciation du taux de change se produit effectivement. Elle dégrade la compétitivité-prix des produits nationaux ; les exportations diminuent et les importations augmentent ; la demande étrangère nette est donc inférieure et IS se déplace vers la gauche. Il se produit donc un déficit de la balance des transactions courantes, qui compense progressivement l'excédent de la balance des capitaux. Le mouvement se poursuit tant qu'il subsiste une tendance au déficit de la balance des paiements globale et à l'appréciation. IS doit donc revenir à son point de départ, en IS_1, où le taux d'intérêt retrouve son niveau initial : les entrées de capitaux cessent, l'excédent de la balance des capitaux se stabilise et est compensé par un déficit équivalent des paiements courants. La politique budgétaire est donc inefficace au plan interne : l'augmentation des dépenses publiques a été compensée par une réduction d'activité des entreprises exportatrices et des entreprises concurrencées par des produits importés sur le marché intérieur. L'effet d'éviction financière de l'investissement ne se produit pas, parce que l'afflux massif de capitaux étrangers ramène le taux d'intérêt réel à son niveau initial. Mais il se produit une éviction, par l'appréciation du taux de change, des productions exposées à la concurrence internationale. Notons que la politique budgétaire n'est pas totalement inefficace dans la mesure où elle exerce bien un effet stimulant, mais sur le reste du monde : en raison de l'appréciation de la monnaie, la demande nette de la nation adressée à l'étranger a en effet augmenté.

2. Les politiques avec une mobilité imparfaite des capitaux

Nous distinguerons deux cas selon le degré de mobilité des capitaux : nous parlerons de « ***mobilité relativement faible*** » dans le cas où la pente de BP est plus forte que celle de LM, et de « ***mobilité relativement forte*** » dans le cas inverse. La différence essentielle par rapport à la section précédente tient à ce que la courbe BP n'est plus fixée de façon exogène par le niveau du taux d'intérêt international. La mobilité étant imparfaite, il peut subsister un écart entre i et i*, et la courbe BP peut se déplacer.

A. Régime de changes fixes

LA POLITIQUE MONÉTAIRE

Sur la figure 44, nous partons de l'équilibre général au point A. Une politique monétaire expansionniste déplace LM en LM_1.

La baisse des taux d'intérêt entraîne des sorties de capitaux et un déficit de la balance des capitaux (BCA < 0). L'expansion du revenu stimule les importations et alimente un déficit des transactions courantes (BTC < 0).

Ces deux sources de déficit tendent à déprécier le taux de change. Les interventions de la banque centrale pour empêcher la dépréciation réduisent l'offre de monnaie, et LM se déplace vers la gauche.

Le mouvement ne s'arrête pas tant que persistent le déficit

Figure 44

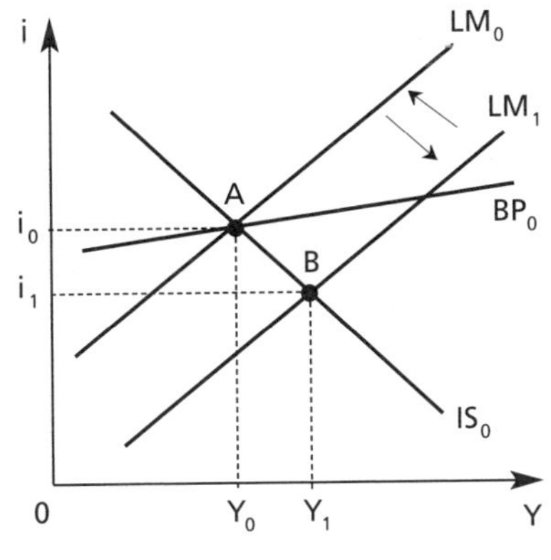

et la tendance à la dépréciation. LM retourne donc à sa position de départ, en LM_0. La politique monétaire est inefficace et il en est exactement de même, que la mobilité des capitaux soit relativement forte ou relativement faible.

LA POLITIQUE BUDGÉTAIRE AVEC UNE MOBILITÉ DES CAPITAUX RELATIVEMENT FORTE

À l'inverse de l'expansion monétaire qui entraîne un double déficit extérieur (de BTC et de BCA), l'expansion budgétaire entraîne un déficit de BTC en stimulant la demande et donc les importations, mais amène en contrepartie un excédent de BCA parce qu'elle fait monter le taux d'intérêt, ce qui attire les capitaux étrangers. Si l'attrait exercé sur les capitaux étrangers est massif, l'excédent de BCA compensera le déficit de BTC et la politique budgétaire provoquera un excédent de la balance globale. Inversement, si l'attrait exercé sur les capitaux étrangers est limité, la politique budgétaire induira un déficit extérieur. Nous devons donc distinguer le cas où la mobilité des capitaux est relativement forte et celui où elle est relativement faible.

Sur la figure 45, nous examinons le premier cas. La mobilité des capitaux est forte ; la pente de BP est donc assez faible, et moindre que celle de LM. Une augmentation des dépenses publiques déplace IS en IS_1, et l'équilibre général du point A au point B. Au point B, situé à gauche de BP, la balance des paiements est excédentaire. En effet, la politique expansionniste stimule les importations et dégrade BTC, mais elle fait monter le taux d'intérêt et attire les capitaux étrangers.

Figure 45

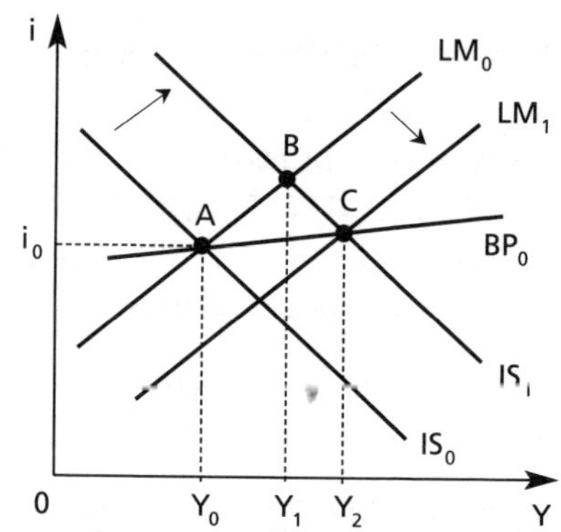

Ces derniers étant très mobiles, ils affluent massivement pour tirer avantage de la hausse de i. En conséquence, l'excédent de BCA dépasse le déficit de BTC, et BP est en excédent. L'excédent tend à apprécier le taux de change. La banque centrale intervient pour éviter l'appréciation et transforme toutes les entrées de devises en monnaie nationale à un taux constant. L'offre réelle de monnaie augmente ; LM se déplace vers la droite jusqu'à ce que l'équilibre de la balance des paiements soit rétabli. On atteint finalement le point C. L'effet initial de l'expansion budgétaire est renforcé par la création monétaire provoquée par l'excédent extérieur.

LA POLITIQUE BUDGÉTAIRE AVEC UNE MOBILITÉ DES CAPITAUX RELATIVEMENT FAIBLE

Sur la figure 46, nous examinons la même politique dans le cas d'une mobilité relativement faible des capitaux.

Figure 46

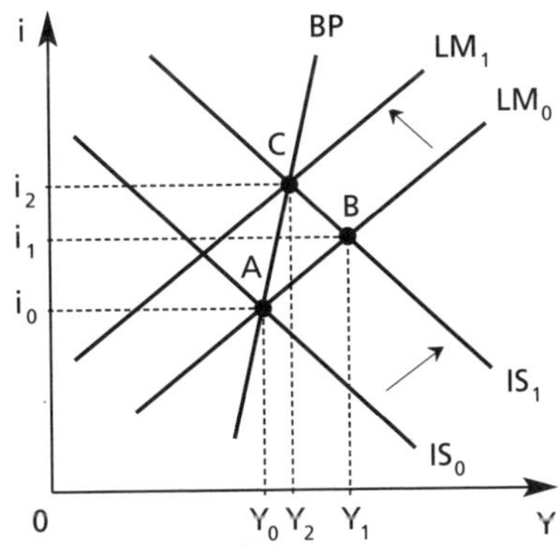

BP a une pente plus forte que LM. On constate alors que le déplacement en B est désormais accompagné d'un déficit extérieur : B se situe à droite de BP_0. En effet, les capitaux étant peu mobiles, la hausse du taux d'intérêt entraîne de faibles entrées de capitaux. Dès lors, l'excédent de la balance des capitaux ne compense pas le déficit des transactions courantes provoqué par l'expansion de la demande intérieure.

Le déficit tend à déprécier le taux de change, et la banque centrale doit acheter la monnaie nationale contre des devises pour maintenir le taux de change fixe. Elle réduit donc l'offre de monnaie interne ; LM se déplace vers la gauche et le mouvement se poursuit jusqu'à l'élimination de toute tendance à la dépréciation, c'est-à-dire jusqu'au point C, où la balance des paiements est à nouveau équilibrée. La politique budgétaire a bien eu un effet stimulant sur le revenu ($Y_2 > Y_0$), mais qui est contrarié par le déficit extérieur, lequel contraint à la rigueur monétaire ($Y_2 < Y_1$).

LA COMBINAISON OPTIMALE DES DEUX POLITIQUES

Comme précédemment, la politique monétaire ne permet pas d'agir efficacement sur l'équilibre interne. La recherche du plein-emploi doit donc être confiée à la politique budgétaire. Cependant, la politique monétaire apparaît désormais comme un instrument utile pour la recherche de l'équilibre externe. En effet, la politique monétaire agit sur le taux d'intérêt, qui lui-même conditionne la balance des capitaux. Une politique monétaire expansionniste abaisse le taux d'intérêt et provoque des sorties de capitaux qui peuvent résorber un éventuel excédent de la balance des paiements. Inversement, une politique monétaire restrictive élève le taux d'intérêt, attirant donc des capitaux étrangers qui contribuent à résorber un éventuel déficit de la balance des paiements.

Revenons à la figure 46, qui montre les effets d'une politique budgétaire expansionniste quand la mobilité des capitaux est relativement faible. Au lieu d'utiliser la seule politique budgétaire, une combinaison efficace avec une politique monétaire restrictive permet d'atteindre plus rapidement le point C. En effet, rien n'oblige les pouvoirs publics à atteindre d'abord le point B, c'est-à-dire à accepter le déficit extérieur qui, ensuite seulement, par le biais de la réduction de la masse monétaire et de la hausse des taux d'intérêt, permet le retour à l'équilibre extérieur. L'expansion budgétaire tend à engendrer un déficit, mais une politique monétaire restrictive menée simultanément et déplaçant LM en LM_1 permet d'éviter le déficit. En effet, la restriction de l'offre de monnaie fait monter le taux d'intérêt, ce qui attire les capitaux étrangers ; les entrées de capitaux compensent le déficit commercial provoqué par la stimulation de la demande intérieure, et la balance des paiements peut rester équilibrée. Au lieu de passer par le point B, on se déplace directement de A vers C, le long de BP.

Sur la figure 45, nous avons vu que lorsque la mobilité des capitaux est relativement forte, une politique budgétaire expansionniste entraîne un excédent en raison de l'entrée massive des capitaux dès que le taux d'intérêt augmente. Dans ce cas, il convient de mettre en œuvre simultanément une politique monétaire expansionniste, qui limite la hausse du taux d'intérêt et évite l'excédent de la balance des paiements (LM est déplacée en LM_1). Autrement dit, au lieu d'atteindre d'abord le point B, l'utilisation conjointe des deux politiques permet d'aller directement au nouvel équilibre général, en C.

B. Régime de changes flexibles

LA POLITIQUE MONÉTAIRE

Sur la figure 47, la politique monétaire expansionniste déplace LM en LM_1. On passe du point A au point B. L'expansion de la demande intérieure stimule les importations et engendre un déficit de BTC. La baisse du taux d'intérêt entraîne des sorties de capitaux et un déficit de BCA.

Mais à présent, la tendance au déficit est spontanément et immédiatement corrigée par une dépréciation libre du taux de change. La dépréciation améliore la compétitivité des produits nationaux et, comme précédemment, cela déplace BP et IS vers la droite. On atteint un nouvel équilibre, au point C, avec un revenu encore plus élevé (Y_2). La politique monétaire apparaît ainsi encore plus efficace qu'en économie fermée. Le lecteur vérifiera que ce résultat n'est pas modifié par le degré de mobilité des capitaux. Quelle que soit la pente de BP, l'expansion monétaire provoque un déficit et une dépréciation du taux de change qui stimule les exportations et renforce l'effet de relance initial.

Figure 47

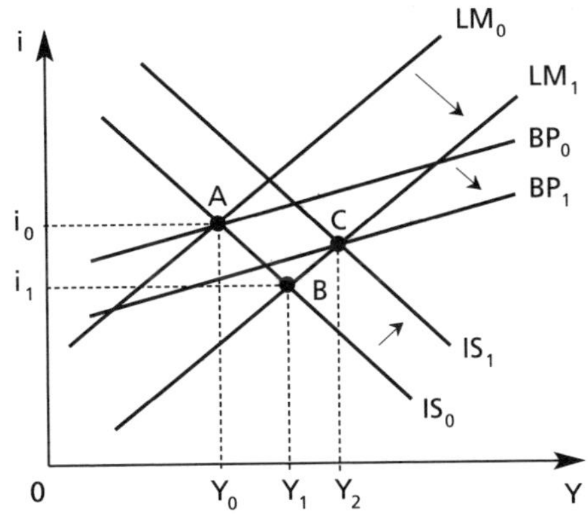

LA POLITIQUE BUDGÉTAIRE AVEC UNE MOBILITÉ DES CAPITAUX RELATIVEMENT FORTE

Comme nous l'avons expliqué ci-dessus, nous devons distinguer deux cas, selon que la politique budgétaire est mise en œuvre dans un contexte de mobilité des capitaux relativement forte ou faible. Dans le premier cas, en effet, elle engendrera un excédent et une appréciation du taux de change ; dans le second, elle entraînera un déficit et une dépréciation du taux de change. Sur la figure 48, la mobilité est forte. La pente de BP est inférieure à celle de LM.

Figure 48

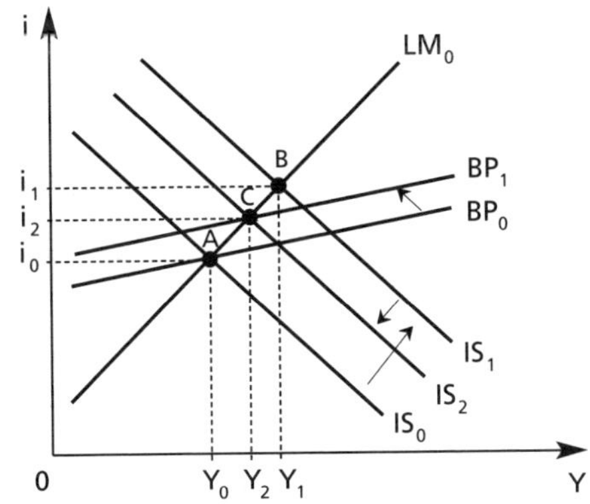

Une expansion budgétaire qui pousse IS vers IS_1 conduit tout d'abord au point B. La hausse du revenu stimule les importations et BTC est déficitaire. Mais la hausse de i attire très fortement les capitaux étrangers si bien que l'excédent de BCA dépasse le déficit de BTC. Au point B (à gauche de BP) la balance globale a donc tendance à être excédentaire. Cette tendance est spontanément et totalement corrigée par une appréciation du taux de change. L'appréciation détériore la compétitivité des produits nationaux. BP et IS se déplacent vers la gauche jusqu'à un nouvel équilibre général, au point C.

Contrairement à ce qui se passait en régime de changes fixes, la forte mobilité des capitaux limite les effets de la politique budgétaire parce qu'elle entraîne ici une appréciation qui freine l'activité dans les entreprises exportatrices et dans celles dont le marché intérieur est concurrencé par les importations.

LA POLITIQUE BUDGÉTAIRE AVEC UNE MOBILITÉ DES CAPITAUX RELATIVEMENT FAIBLE

En revanche, comme le montre la figure 49, une faible mobilité des capitaux sera favorable à la politique budgétaire.

L'effet initial qui conduit au point B s'accompagne à présent d'un déficit : B est à droite de BP. En effet, les capitaux étant peu sensibles au taux d'intérêt, le déficit de BTC n'est plus compensé par des entrées de capitaux. La tendance au déficit provoque une dépréciation du taux de change. La compétitivité des produits nationaux s'en trouve améliorée, et BP comme IS se déplacent vers la droite. On atteint un nouvel équilibre au point C. L'effet initial de la politique budgétaire est renforcé par la dépréciation, qui stimule les exportations.

Figure 49

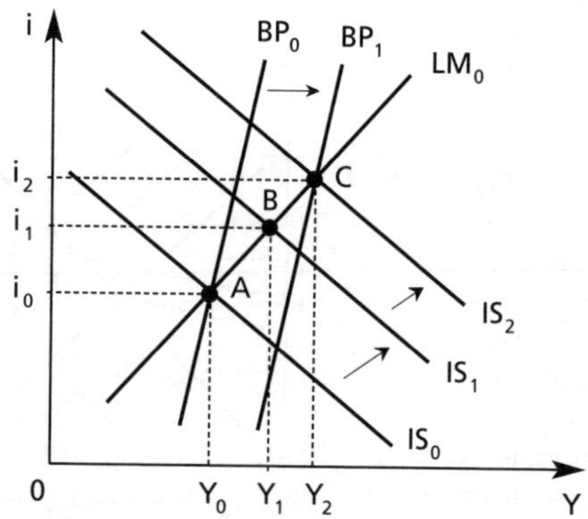

3. Efficacité et combinaison des politiques économiques

Nous récapitulons à présent l'ensemble des résultats établis jusqu'ici.

A. L'efficacité dans la recherche de l'équilibre interne

– ***En régime de changes fixes***, seule la politique budgétaire doit être utilisée dans la recherche de l'équilibre interne, et ce, à condition qu'il existe une certaine mobilité des capitaux. La politique monétaire perd toute autonomie en régime de change fixes parce que la variation des réserves de change annule le mouvement initial de la masse monétaire.

Ce résultat est connu sous le nom de « **triangle des incompatibilités** » (cf. figure 50). Un pays ne peut connaître simultanément la fixité du taux de change, la mobilité des capitaux et l'efficacité de sa politique monétaire. Seules deux de ces trois caractéristiques sont compatibles. La politique monétaire ne peut donc retrouver son efficacité que si le pays renonce soit à la stabilité du taux de change, soit à la libre circulation des capitaux.

Figure 50

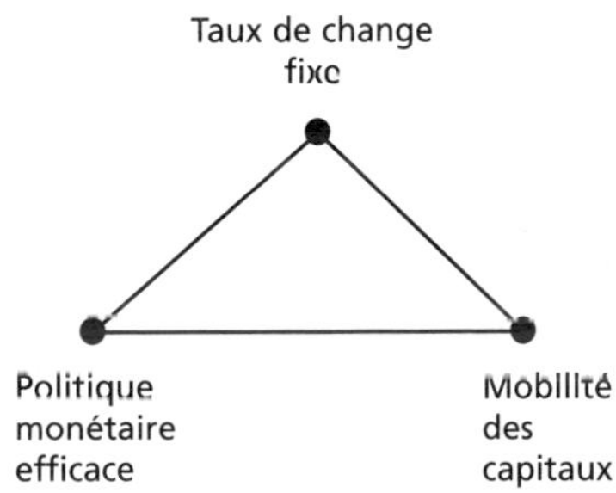

– ***En régime de changes flexibles***, la marge de manœuvre paraît plus grande parce que les variations du taux de change sont censées rétablir automatiquement l'équilibre de la balance des paiements. C'est alors le degré de mobilité des capitaux qui devient déterminant. La politique monétaire est d'autant plus efficace, et la politique budgétaire d'autant moins efficace, que la mobilité des capitaux est forte. En effet, l'expansion budgétaire élève le taux d'intérêt et attire donc les capitaux étrangers. Si la mobilité est forte, cela se traduit par un excédent de BP qui entraîne une appréciation du taux de change. L'appréciation détériore la compétitivité internationale des produits nationaux, réduit la demande étrangère et exerce donc un effet dépressif qui limite, voire annule l'effet expansionniste de la politique budgétaire. L'effet d'éviction financière est limité par l'afflux de capitaux étrangers, mais il laisse la place à un effet d'éviction par le taux de change. L'expansion monétaire, pour sa part, se traduit par une baisse du taux d'intérêt, par des sorties de capitaux et par une dépréciation du taux de change. La dépréciation a un effet stimulant sur la demande étrangère, effet qui vient renforcer celui de la politique monétaire. Toutefois, ces conclusions ne valent que si la flexibilité des taux de change garantit à tout moment l'équilibre de la balance des paiements. Si tel n'est pas le cas, la contrainte de l'équilibre extérieur continue à peser sur la politique économique, quel que soit le régime de change. Plutôt que d'utiliser un seul instrument, il convient alors de combiner les deux instruments pour rechercher simultanément équilibre interne et équilibre externe.

B. Les règles de combinaison des politiques économiques

LE NOMBRE D'INSTRUMENTS ET LA RÈGLE DE TINBERGEN

Les situations de dilemme que nous avons décrites sont en général associées au fait qu'il manque un instrument de politique économique. Ainsi, en régime de change fixes et en l'absence de mobilité des capitaux, la politique monétaire ne constitue pas vraiment un instrument indépendant ; seule la politique budgétaire peut agir sur l'équilibre interne. Le dilemme vient alors de ce que, dans certaines situations, la politique budgétaire a des effets inverses sur l'équilibre interne et sur l'équilibre externe. Par exemple, en situation de déficit extérieur et de sous-emploi, une politique budgétaire expansionniste stimule l'activité et rapproche du plein-emploi. Mais dans le même temps, la stimulation de la demande intérieure provoque un déficit de la balance des paiements. En situation d'excédent et d'inflation, une politique budgétaire restrictive permet de limiter l'inflation et de se rapprocher du revenu d'équilibre, mais la réduction de la demande intérieure engendre un excédent de la balance des paiements. On ne peut sortir du dilemme tant qu'il n'existe qu'un seul instrument pour atteindre deux objectifs contradictoires. Nous avons montré que la seule issue théorique au dilemme consistait à ajouter un instrument affecté à la recherche de l'équilibre externe : le taux de change ou les politiques commerciales (tarifs, quotas, subventions, etc). En pratique, toutefois, on peut douter de la portée réelle de ces dernières politiques.

Cependant, quand on introduit la mobilité des capitaux, on s'aperçoit que le dilemme peut être surmonté dans la mesure où la politique monétaire a désormais une influence directe sur l'équilibre de la balance des paiements (*via* l'influence du taux d'intérêt sur la balance des capitaux). Là encore, seule l'introduction d'un second instrument permet de sortir de la contradiction entre les deux objectifs.

Tout cela nous conduit à la règle énoncée par Tinbergen :

> ***Une condition nécessaire (mais non suffisante) pour qu'une politique économique soit efficace, est qu'il existe autant d'instruments indépendants que d'objectifs à atteindre.***

Notons que de nombreux auteurs estiment que, dans le monde réel, où les effets des instruments sont incertains et associés à des délais d'action variables, il convient en fait de disposer de plus d'instruments que d'objectifs. On maximise ainsi les chances d'agir dans le sens souhaité.

L'AFFECTATION DES INSTRUMENTS ET LA RÈGLE DE MUNDELL

En outre, l'affectation des différents instruments aux différents objectifs ne doit pas être décidée au hasard. Mundell part d'une réflexion de bon sens : chaque instrument doit être affecté à la poursuite de l'objectif pour lequel il a ***l'efficacité relative la plus forte***. Mundell se situe dans le cadre d'un régime de ***changes fixes*** et de ***mobilité des capitaux***. La règle d'affectation qu'il propose et que nous avons déjà démontrée plus haut est simple :

> ***Il convient d'affecter la politique monétaire à la recherche de l'équilibre externe et la politique budgétaire à la recherche de l'équilibre interne.***

Ainsi, on pratiquera une politique budgétaire expansionniste ou restrictive selon qu'on est confronté au sous-emploi ou à l'inflation. Par ailleurs, face à un déficit extérieur, on adoptera une politique monétaire restrictive qui, en élevant les taux d'intérêt, attirera les capitaux étrangers. Inversement, en cas d'excédent extérieur, une politique monétaire expansionniste, en abaissant les taux d'intérêt, entraînera les sorties de capitaux nécessaires pour résorber l'excédent.

Il est vrai que ces règles ne valent que dans un régime de change fixes et avec des capitaux mobiles. Toutefois, ce cadre est moins restrictif qu'il ne paraît à première vue. D'une part, la mobilité internationale des capitaux est une réalité. D'autre part, bien des pays qui n'adhèrent pas à un système de taux de change fixes continuent à intervenir sur le marché des changes pour stabiliser les fluctuations de leur taux de change. En outre, on a souligné que la flexibilité du taux de change n'était pas, dans la réalité, susceptible de rétablir rapidement l'équilibre de la balance des paiements. En conséquence, en régime de changes flottants, la politique économique subit une contrainte d'équilibre externe souvent assez voisine de celle qui est associée au régime des changes fixes.

Conseils bibliographiques

Deux niveaux de références :
❍ pour l'initiation,
❍❍ pour approfondir.

Macroéconomie : ouvrages généraux

❍ **Begg** (D.), **Fischer** (S.), **Dornbush** (R.), *Macroéconomie,* Dunod, 2002.

❍ **Béraud** (Alain), *Introduction à l'analyse macroéconomique,* Economica, 2002.

❍ **Généreux** (J.), *Les vraies lois de l'économie,* Points, Seuil, 2008.

❍ **Labaronne** (D.), *Macroéconomie,* 3 vol., Seuil, coll. "Mémo", 1999.

Approche néoclassique de la macroéconomie

❍ **Guerrien** (B.), *La théorie économique néoclassique*, tomes 1 et 2, La Découverte, coll. "Repères", 1999.

❍❍ **Barro** (R. J.), *La macroéconomie*, Armand Colin, coll. "U", 1996.

Approche keynésienne de la macroéconomie

❍ **Abraham-Frois** (G.), *Keynes et la macroéconomie contemporaine,* Economica, 4e éd., 1993.

❍❍ **Barrère** (A.), *Déséquilibres économiques et contre-révolution keynésienne,* Economica, 2e éd., 1983.

❍❍ **Cartelier** (J.), *L'économie de Keynes,* De Boeck Université, 1995.

❍ **Maris** (B.), *Keynes ou l'économiste citoyen,* Presses de Sciences Po., 1999.

❍ **Sapir** (J.), *Les trous noirs de la science économique,* Points Seuil, 2003.

Politique économique

❍ **Dévoluy** (M.) [dir.], *Les politiques économiques européennes,* Points Seuil, 2004.

❍ **Fitoussi** (J.-P.), *Le débat interdit,* Points Seuil, 2002.

❍ **Flouzat** (Denise) Boissieu (christian de), *Économie contemporaine.* Tome 3 : *Croissance, mondialisation et stratégies économiques,* PUF, coll. "Thémis", éd. 2006.

❍ **Généreux** (Jacques), *Les politiques économiques,* Seuil, coll. "Mémo", 1996.

❍ **Généreux** (Jacques), *Introduction à la politique économique,* Points Seuil, 3e éd., 1999.

❍❍ **Greffe** (Xavier), *Politique économique,* Economica, 2e éd., 1991.

❍❍ **Prager** (Jean-claude), **Villeroy de Galhau** (François), *18 leçons sur la politique économique,* 2e éd., Seuil, 2006.

Index alphabétique

Nota :
les numéros renvoient
aux pages.

Imprimé en Espagne par UNIGRAF
Dépôt légal : Mars 2009 - Collection 06 - Édition 02
14/5904/9